主　编　何仕元
副主编　杨　莉　左晓丽　刘　瑶　胡　雪　马恩甫　李　鹏
参　编　周晓庆　张诗晗　陈思吉　李欣　康君

中国民俗文化概览

ZHONGGUO MINSU WENHUA GAILAN

四川大学出版社

项目策划：王小碧　宋彦博
责任编辑：李畅炜
责任校对：宋彦博
封面设计：墨创文化
责任印制：王　炜

图书在版编目（CIP）数据

中国民俗文化概览 / 何仕元主编. — 成都：四川大学出版社，2022.3（2024.12重印）
ISBN 978-7-5690-5016-5

Ⅰ．①中… Ⅱ．①何… Ⅲ．①风俗习惯－概况－中国 Ⅳ．①K892

中国版本图书馆CIP数据核字（2022）第050034号

书　名	中国民俗文化概览
主　编	何仕元
出　版	四川大学出版社
地　址	成都市一环路南一段24号（610065）
发　行	四川大学出版社
书　号	ISBN 978-7-5690-5016-5
印前制作	四川胜翔数码印务设计有限公司
印　刷	四川省平轩印务有限公司
成品尺寸	170mm×240mm
印　张	11.25
字　数	195千字
版　次	2022年4月第1版
印　次	2024年12月第5次印刷
定　价	36.00元

版权所有　◆　侵权必究

◆ 读者邮购本书，请与本社发行科联系。
　电话：(028)85408408/(028)85401670/
　(028)86408023　邮政编码：610065
◆ 本社图书如有印装质量问题，请寄回出版社调换。
◆ 网址：http://press.scu.edu.cn

四川大学出版社
微信公众号

前　言

"中国民俗文化概览"是一门面向高等学校学生简要介绍中国民俗事象及其历史、理论成果等的通识课程。中国民俗文化研究广泛涉及民俗学、社会学、语言学、地理学、历史学、经济学、政治学、考古学等学科。开设这门课程的目的，一是让学生比较全面地了解中国丰富多彩的民俗事象，深化对中国历史文化的认识，提升对中华民族优秀传统文化的自信心，增强民族自豪感；二是让学生系统学习并且掌握民俗学基本理论，了解民俗学在中国和世界上的发展历史以及现状，习得一些从事民俗学调查和研究工作的基本理论和方法。

中华文化是世界上最古老的原生文化之一，是"连续性文化"的一个典型代表。世界四大文明古国中的其他三个——古埃及、古巴比伦及古印度的文化皆因种种原因，相继中断，而中华文化则罕见地延绵至今。其间中华文化虽经历过种种内忧外患，但是从未有过毁灭性的中断：在学术上，有先秦诸子百家、两汉经学、魏晋玄学、隋唐佛学、宋明理学以及清代朴学；在文学上，诗经、楚辞、汉赋、魏晋诗文、唐诗、宋词、元曲、明清小说，可以说是峰峦迭出，代有风骚。这种悠远、有序、完整而有体系的文化现象，在世界文化之林中是独一无二的奇迹。

中国自西周周公制礼作乐开始就进入礼乐社会。在漫长的历史传统之中，礼俗在国家治理中占据极为重要的地位。同时，我国也是一个自古以来就十分关注社会民俗事象、具有浓厚文化氛围的国度，是一个有德治传统的国家。因此，历代统治者和思想家也都十分注重对民俗事象的考察，并以此来衡量社会升平情况。即使是严酷的封建法律，也带有显著的礼俗特征。这种环境不仅为中国民俗的发展提供了肥沃的土壤，而且使中国民俗自产生那天起就带有不同于其他国家与地区民俗的特点。

中国民俗学从1918年北京大学征集近世歌谣算起，至今已经有100多年的历史。作为一门学科，这显然是一门非常年轻的学科，但其所走过的道路充满了艰难和曲折。

为了配合本门课程教学，我们编写了这本《中国民俗文化概览》，旨在让学生了解中国的民俗文化，增强学生对中国民俗文化的自信心和自豪感。本书一共分为7个部分。

绪论主要介绍民俗学的诞生、民俗与传统文化以及民俗的功能。

第一章主要介绍建筑民俗，涉及建筑的价值、民居的形式以及民居所揭示的不同地区的生活习俗。

第二章主要介绍岁时节日民俗，包括岁时节日的由来和形成，岁时节日在发展中不断吸收各地的风俗而被赋予的新内涵，以及岁时节日的活动及特点。

第三章主要介绍饮食民俗，包括地域特点鲜明的饮食文化和茶文化。

第四章主要介绍服饰民俗，重点讲解我国不同时期的服饰形制。

第五章主要介绍人生礼仪，包括诞生礼、成年礼、结婚礼和丧葬礼等。

附录为民俗调查提纲，可为读者进行民俗调查，获取一手资料提供便利。

总而言之，中国民俗所涉范围之大，内容之多，不一而足。自我国古代设立史官以来，在巫史结合、史俗并载的情况下，中国民俗研究的萌蘖已初见端倪。殷商以降，以俗为礼，民俗礼制化，即成为中国早期民俗运用中的一个重要表现。近代科学形成以后，广大学者从人类学、文化学、民族学、宗教学、社会学、文艺学、语言学、哲学、法学等方面对其进行了多角度、多侧面的探讨。中国民俗学，是一笔巨大的科学财富、精神财富。作为一本通识课程教材，本书旨在带领读者"走马观花"，窥其要旨，故对相关内容只作蜻蜓点水式的介绍，疏漏之处在所难免，恳请读者批评指正，以利本书修订完善。

编　者

2022年1月

目 录

绪 论

第一节 民俗学的诞生 …………………………………………… 1
第二节 民俗与传统文化 ………………………………………… 7
第三节 民俗的功能 ……………………………………………… 17

第一章 建筑民俗

第一节 建筑的价值 ……………………………………………… 24
第二节 民居的形式 ……………………………………………… 27
    个案研究：建房习俗浅谈——以家乡草房为例 ………… 35

第二章 岁时节日民俗

第一节 岁时节日的由来和形成 ………………………………… 41
第二节 岁时节日的发展 ………………………………………… 48
第三节 岁时节日的活动及特点 ………………………………… 54
    个案研究一：闲话中秋 …………………………………… 70
    个案研究二：从守岁到观花灯 …………………………… 73
    个案研究三：过年的习俗 ………………………………… 76

第三章 饮食民俗

第一节 饮食文化 · 79
第二节 茶文化 · 89
  个案研究一：川南食俗——豆粥和豆渣 · · · · · · · · · · · · · 103
  个案研究二：川南食俗——羊肉汤 · · · · · · · · · · · · · · · · · 108

第四章 服饰民俗

第一节 服饰概述 · 112
第二节 中国传统服饰基本形制 · 114
第三节 中国历代传统服饰的演变 · 117

第五章 人生礼仪

第一节 礼仪概述 · 136
第二节 诞生礼 · 142
第三节 成年礼 · 147
第四节 结婚礼 · 152
第五节 丧葬礼 · 159

附录：民俗调查提纲 · 164

参考资料 · 170

后　记 · 172

绪 论

中国民俗具有悠久的历史，自从中国大地上有了人类活动的踪迹，中国民俗便相伴而生。关于中国民俗文化的探讨，也经历了从民族文化自觉到学科自觉的发展过程。因此，探讨民俗学产生以来"民俗"和"民俗学"学科概念的演变过程，民俗与传统文化的关系以及民俗的功能，对于我们认识中国民俗文化大有裨益。

第一节 民俗学的诞生

一、什么是民俗？

民俗指的是民众的文化及其表现方式，简单来说就是民间文化。它具有三个方面的特点，即非正式、非官方、非文字（书面），起源于人类社会群体生活的需要，在特定的民族、时代和地域中不断形成、扩布和演变。在我国，对于民俗事象的重视有着悠久的历史，因而"民俗"一词出现较早。

中国民俗，即中国的民间风俗，指中华民族广大同胞在中华大地上所创造、享用和传承的生活文化。

在《礼记》《史记》《汉书》等典籍中，就多次出现过"民俗"这个词语。《礼记·缁衣》中有"故君民者，章好以示民俗"。《史记·循吏列传》中有"楚民俗好庳车"。《汉书·董仲舒传》中有"变民风，化民俗"。此外，《管子·正世》中也提到"民俗"一词："料事务，察民俗"。《周易集解·观卦》

中也提到"故以省察四方，观视民俗，而设其教也"。

民俗在中国起初指人们的风俗习惯。《韩非子·解老》："府仓虚则国贫，国贫而民俗淫侈，民俗淫侈则衣食之业绝。"《史记·循吏列传》："楚民俗好庳车，王以为庳车不便马，欲下令使高之。"宋朝人范仲淹在《睦州谢上表》中说："然后上下同心，致君亲如尧舜；中外有道，跻民俗于羲皇。"清人薛福成《创开中国铁路议疏》："民俗既变，然后招商承办……可以渐推渐广，渐续渐远。"此处的民俗皆指人民风俗习惯。民俗亦可指民众的生活、生产、风尚习俗等。如《管子·正世》中说："古之欲正世调天下者，必先观国政，料事务，察民俗，本治乱之所生，知得失之所在，然后从事。"宋人张孝祥在一封写给某提刑的信中称："畴昔熟于条教，莫先图民俗之安；乃今奉以周旋，当益厉官常之守。"清人梅曾亮《送周石生序》记载："奋白笔，书盈尺之纸，为国家陈民俗所急。"这里的民俗含义有所扩大，主要指人民的生活以及生产的情况。

这说明，我国古代虽然没有"民俗学"这一学科概念，但是用来指称民俗事象的"民俗"概念已经出现了。"民俗"一词作为专业术语，被我国学术界广泛使用，是在近代。传统社会中，"民俗"一词虽较早地出现在中国古典文献之中，但其含义与"风""风俗""民风""风尚""习俗""谣俗"等区别不大，都是指民俗事象，还未上升到一种较为自觉的理论性高度。就这些词语的使用频率而言，"民俗"一词大约经历了一个由"风"入"俗"，由"风俗"入"民俗"的演变过程，并且其含义并未发生多大的变化。

《尚书·君陈》中说："狃于奸宄，败常乱俗，三细不宥。"这里的"俗"即指习俗、风俗。"风"是我国具有很高民俗学价值的第一部诗歌总集《诗经》的"六义"之一。《毛诗序》对"风"的解释为："上以风化下，下以风刺上，主文而谲谏，言之者无罪，闻之者足以戒，故曰风。"也即是说，先秦时代的统治者就已经明白，民歌和风俗对社会和时政具有较大的影响。因此，《毛诗序》对"风俗""风教"等词语皆从这种社会事物对社会治理和规范的作用上进行理解和界定："风，风也，教也；风以动之，教以化之"，"故正得失，动天地，感鬼神，莫近于诗。先王以是经夫妇，成孝敬，厚人伦，美教化，移风俗"。此外，《左传》中提到"天子省风以作乐"，杜预将其解释为"省风俗，作乐以移之"。此处，风指的是习俗和风气，风和俗开始并用。

"风俗"一词最早见于《尚书大传》："见诸侯，问百年，命大师陈诗，以观民风俗。"类似记载,在《礼记·王制》中出现过,不过《礼记》将"风俗"称为"民风":"觐诸侯,问百年者就见之。命大师陈诗,以观民风。"到汉代,"民俗"一词已经开始使用,类似于"百里不同风,千里不同俗"的话成为流行语言而得到广泛使用。《汉书·王吉传》记载了王吉上疏云:"是以百里不同风,千里不同俗,户异政,人殊服,诈伪萌生,刑罚亡极,质朴日销,恩爱浸薄。"此后,"民风""风俗"和"习俗"便成为文献中的常见词语。

可见,民俗与风俗是相通的,前者包括受自然地理环境影响而形成的"风"和受社会环境影响而产生的"俗"。这些民俗或风俗的丰富内容,既有反映在民间歌谣、传说和故事里的风土民情,也有历代传承的风俗习惯等。因此,在我国,人们常把民俗通俗地称为风俗习惯。

民俗作为一种文化现象,与其他社会文化现象一样,也有其产生、发展和消失的历史过程。

那么,民俗或风俗习惯又是怎样产生的呢?我国古代学者班固在《汉书·地理志》中做过这样的解释:"凡民函五常之性,而其刚柔缓急,音声不同,系水土之风气,故谓之风;好恶取舍,动静亡常,随君上之情欲,故谓之俗。"此处,班固将风(即民风,指人的性格、语言特点等)与俗(即习俗,指人的爱好、价值取向等)作了区分。在他看来,民风的产生与人处所的生态环境,即所谓"水土之风气"的影响是分不开的;而习俗的形成则与社会环境或人文环境,即所谓"君上之情欲"有着极其密切的关联。

清代学者黄遵宪对风俗习惯的产生、发展及其作用也做过具体分析。他在《日本国志·礼俗志》一文中指出:"风俗之端始于至微,搏之而无物,察之而无形,听之而无声。然一二人倡之,千百人和之。人与人相接,人与人相续,又踵而行之,及其既成。虽其极陋甚弊者,举国之人,习以为然。上智所不能察,大力所不能挽,严刑峻法所不能变。夫事有是有非,有美有恶,旁观者或一览而知之,而彼国称之为礼,沿之为俗。乃至举国之人,辗转沿锢于其中,而莫能少越,则习之囿人也大矣!"在黄遵宪看来,风俗习惯始于至微,在代代接续中形成,对社会和人都具有巨大的约束和潜移默化的作用。

二、民俗学的发展

民俗学是一门以一个国家或民族的民俗文化为研究对象的独立的社会科学学科。中国民俗学是以中国各民族传统民俗文化为研究对象，在马克思主义指导下，结合相关学科进行综合研究的学科。

在国外，"民俗"（folklore）作为学科术语最早是在英国出现的，由英国民俗学会的创始人之一、考古学家汤姆斯（W. J. Thomes）用"folk"和"lore"两个词合成，大意指"民众的智慧"，作为学科名称可以翻译成"关于民众知识的科学"。在此之前，民俗通常被称为"民间古俗"（popular antiquities）或"贱民古俗"（antiquities vulgares），此外，还有"民族学""神话学""民间口头文学""残存文化"等内涵。"folklore"这个新颖而准确的学科术语面世后，很快在英国学术界得到了普遍的承认和使用。1878年10月，在英国伦敦成立的世界上第一个民俗研究机构，便被命名为"民俗学会"（folklore society）。从此，"folklore"作为学科术语逐步得到了国际学术界的公认。

在亚洲，日本学者较早使用"民俗"这一学科术语。明治维新时期，以坪井五郎为核心代表人物的东京人类学会成立，开展了以"土俗研究"为主要内容的学术活动。1890年坪井五郎在他的《伦敦通信》中指出，土俗学就等于民俗学，但是同时期，日本学术界又将"folklore"一词译为"俚谚学"或"俗说学"等。到19世纪末，英国学者乔治·劳伦斯·戈姆（G. L. Gomme）的名著《民俗学概论》传入日本，日本学者整合了两国民俗学研究的共同基础之后，才逐渐将"folklore"确定为学科术语。

"民俗"在我国被确定为学术概念则相对要晚一些。直至五四运动之后，1920年北京大学成立"歌谣研究会"，1922年创办《歌谣》周刊，才在发刊词中第一次使用了"民俗"这个学科性专用名词。这说明，"民俗"一词尽管在我国古代即已使用，并非一个新词，但其作为一个学科术语被普遍接受和使用还有一个过程。直到1923年，北京大学成立的以民俗为研究对象的学术机构仍被命名为"风俗调查会"。其间，中国学者对这个词的含义仍有异议，并且提出了"民俗""谣俗""民间风俗""民间文学"等不同概念。直至1927年，中山大学成立"民俗学会"，创办了《民俗》周刊，才使"民俗"一词成为固定的学术名词。由此可见，中国民俗虽然源远流长，但是"民俗"作为一门学科的概念还是非常年轻的。

也正是因为如此，不同学者对"民俗"这一概念的界定难免有所差异，共识的形成尤显崎岖。自 1846 年英国考古学家汤姆斯正式提出"民俗"（folklore）这一学术名词起，至今已经有一个半多世纪，但是由于受到政治制度、社会时代、学术观点和研究目的等多种因素的制约，各国民俗学家对"folklore"这一学术名词的外延和内涵仍没有达成共识，一直存在着不同的理解，甚至是截然不同的争论，致使关于"民俗"一词的解读众说纷纭，观点众多。

学术界对"民俗"一词的理解存在着广义和狭义之分。广义的理解认为，民俗学是一门综合性的学科，是以城乡民间生活为研究对象的；就民族而言，则既研究文明民族的民间生活，也研究发展不充分的民族乃至原始民族的民间生活。狭义的理解主要有以下四种。

（1）文化遗留说。这是英国文化进化学派的观点，他们认为民俗是一个已发展到较高文化阶段的民族中所残存的原始观念与习俗的遗留物，就像人由猿猴进化而来，身上残留着一根尾椎骨一样。

（2）精神文化说。这也是英国学者们的观点，在国际民俗学界流行了相当长时间。英国民俗学会1914年出版的博尔尼著《民俗学手册》中，有一段话形象地表明了这种观点，它常常被人引述："引起民俗学家注意的，不是耕犁的形状，而是耕田者推犁入土时所举行的仪式；不是渔网和鱼叉的构造，而是渔夫入海时所遵守的禁忌；不是桥梁和房屋的建筑术，而是施工时祭祀以及建筑物使用者的社会生活。"

（3）民间文学说。这种观点认为民俗即民间文学，主要流行于美国和苏联。例如美国学者厄特利（F. L. Utley）在《民间文学：一个实用主义》（载于阿兰·邓迪斯主编的《世界民俗学》）中将民俗定义为"口头传承的文学艺术"，将习惯、宗教、语言、工艺等排斥在外。在苏联，民俗仅指劳动者的口头创作。在中国，较多民俗研究的主要对象也是民间文学。

（4）传统文化说。这是西方普遍流行的观点，即把民俗限于传统之中，将生活中不断涌现出来的"新民俗"排斥在外。1961 年，厄特利曾对西方流行的 21 种民俗定义进行关键词分析，结果发现其中"传统"一词出现频率最高，达到 31 次，可见这种观点具有普遍性。

之所以有如此多种理解，主要是因为民俗学在兴起之际就受到了各国不同的政治制度、学术观点和研究目的等多种因素的影响和制约，而且多数学者对刚刚兴起的民俗学虽然存在着较为浓厚的兴趣，但对这门学科还没有形成一个较为清晰的共同认识。按照一般观点，研究民俗学应该将民俗视为由人民大众创造、享用和传承的生活文化，它既包括农村民俗，也包括城镇和都市民俗；既包括古代民俗传统，也包括新生的民俗现象；既包括以口语传承的民间文学，也包括以物质形式、行为和心理等方式传承的物质、精神及社会组织等民俗。民俗是一种历史文化传统，也是人民现实生活的一个重要部分。

当然，"民俗"的范围并不是无边无际的。每个民族都有上、中、下三层文化，民俗是中下层民间文化的一部分。一切民俗都属于民间文化，但并非一切民间文化都是民俗。民俗是民间文化中带有继承性、传承性、模式性的现象，主要以口耳相传、行为示范和心理影响的方式扩布和传承。民俗是一种民间传承文化，其主体部分形成于过去，因此民俗学属于民族的传统文化。

民俗事象纷繁复杂。从社会基础的经济活动，到相应的社会关系，再到上层建筑的各种制度和意识形态，大都附有一定的民俗行为及有关的心理活动。总体来说，民俗事象大略可以分为以下四类。

（1）物质民俗，指人民在创造和消费财富的过程中所不断重复的、带有模式性的活动，以及由这种活动所产生的带有类型性的物质形式。其主要包括生产民俗、商贸民俗、饮食民俗、服饰民俗、居住民俗、交通民俗、医药保健民俗等。

（2）社会民俗，亦称社会组织及制度民俗，指人们在特定条件下所形成的社会关系的惯例，它所涉及的是从个人到家庭、家族、乡里、民族、国家乃至国际社会在接触、交流过程中使用并传承的集体行为方式。其主要包括社会组织民俗（如血缘组织、地缘组织、业缘组织等）、社会制度民俗（如习惯法、人生礼仪等）、岁时节日民俗以及民间娱乐习俗等。

（3）精神民俗，指在物质文化与制度文化基础上形成的有关意识形态的民俗。它是人类在认识和改造自然与社会过程中形成的心理经验，这种经验一旦成为集体的心理习惯，且表现为特定的行为方式并世代传承，就成为精神民俗。精神民俗主要包括民间信仰、民间巫术、民间哲学理论观念以及民间艺术等。

（4）语言民俗，指通过口语约定俗成、集体传承的信息交流系统。它包括两大部分：民俗语言与民间文学。语言是一种文化载体，各个民族、各个地区都有特定的语言，即民族语言和方言，它们是广义的民俗语言。狭义的民俗语言，是指在一个民族或地区中流行的那些具有特定含义并且反复出现的套语，如民间俗语、谚语、谜语、歇后语、街头巷尾流行语、黑话、酒令等等。民间文学是指由人民集体创作和流传的口头文学，主要有神话、民间传说、民间故事、民间歌谣、民间说唱等形式。

第二节　民俗与传统文化

民俗和传统文化的关系属于狭义的民俗学研究范畴——传统文化说。可以说，民俗的核心在于传统。传统是一种世代相承的文化，既是一个民族作为一个特殊群体的重要标志之一，也是形成这个民族文化特征的根本所在。不过，需要指出的是，通常意义上所说的传统往往是狭义性质的。广义上的传统，其内涵大多侧重于某个民族观念意识上的精髓，因而其外延是较为狭窄的。

一、传统文化的内涵

传统文化的内涵纷纭庞杂，难以穷尽，似乎中国文化皆可以归于中华传统文化之中。但探讨民俗与传统文化的关系，对传统文化的内涵做一个准确的界定和厘清是无可回避的关隘。既然学界对这一成形概念的理解莫衷一是，那便不妨正本溯源，经一番"说文解字"以穷其本义。

"传"有延续、继承之意。《庄子·养生主》载："指穷于为薪，火传也，不知其尽也。"唐人陆德明的释文则是："传者，相传继续也。"南朝宋人颜延之《阳给事诔》："忠壮之烈，宜自尔先；旧勋虽废，邑氏遂传。"唐人韩愈《故监察御史卫府君墓志铭》云："家世习儒，学词章，昆弟三人俱传父祖业。"这里提到的"传"更多是指继承。"统"字指的是事物之间一脉相承的连续关系、系统。《孟子》称："君子创业垂统，为可继也。"司马迁《史记·范雎蔡泽列传》云："天下继其统，守其业，传之无穷。"南朝梁人刘勰在《文心雕龙·通变》中说："是以规略文统，宜宏大体。"宋人邓润甫《草东宫制》记载："建储非以私亲，盖明万世之统。"《孟子》《史记》中的"统"往往指事业的延续关系，而《文心雕龙》中的"统"则指向文学上的继承性。《后汉书·东夷列传》："倭在韩东南大海中……自武帝灭朝鲜，使驿通于汉者三十许国，国皆称王，世世传统。"南朝梁人沈约《立太子恩诏》："守器传统，于斯为重。"上述"传统"皆指传习帝业。明人胡应麟《少室山房笔丛·九流绪论上》称："儒主传统翼教，而硕士名贤之训附之。"这里的"传统"则主要指学术、学说的继承。"传统"一词在古典文献中出现的频率很高，最开始的含义并非具有特点的风俗、道德、思想、作风、艺术、制度等社会因素的世代相传，而是帝业、文学、事业以及学说的世代相传。

"文化"是一个中国古已有之的词，在近代吸收西方学术思想后，被赋予了新的含义。文化概念的演化，绝不仅仅是一个定义变迁的问题，它实际上反映了随着历史的发展，文化本身以及人们对文化的理解开拓出更为广阔、宏远的天地。

今天通用的"文化"一词，便是近代人在引入西方相关概念时，结合中国固有的"文""化"及"文化"等概念，加以熔铸而再创造的。

在汉语口语系统和典籍中，"文"和"化"都是常用词。

甲骨文之"文"像一个直立的人，胸前有花纹。文，就是文身之文。《周易》说"物相杂，故曰文"，指的是知觉、视觉的对象，是有颜色、有线条、有形象的；又《礼记》云"五色成文而不乱"，意即文是多样的统一，相杂交错且不乱；东汉学者许慎在《说文解字》中提到"文，错画也，象交文"，指各色交错的纹理。后来，文又引申为包括语言文字在内的各种象征符号，进而具体指文献典籍、礼乐制度以及与"德行"相对的"道艺"等；又由纹理义发展出用彩画装饰义，引申为修饰、人为加工，与"质"相对，与"实"相对；最终推演为美、善、文德教化之雅意，兼指文辞、文章，与"野"相对，或与武事相对。

"化"的含义变化及其使用也依循了类似原则。《庄子·逍遥游》载鲲"化而为鸟，其名为鹏"。《周易》称："男女构精，万物化生。"因此"化"有变、改、化生、造化、化育等意。归纳起来，"化"的含义指二物相接，其一方或双方改变形态、性质，由这层内涵引申出教行、迁善、告谕使人回心、化而成之等义。

"文"与"化"联合使用，首见于《易·贲卦》的《象辞》。《象辞》中说："文明以止，人文也。观乎天文，以察时变；观乎人文，以化成天下。"《象辞》用天象有规律可循比拟人伦也有规律可循。这里的"文"从纹理意义演变而来，"天文"指天道自然规律，"人文"指人伦社会规律，具体指社会生活中人与人之间各种纵横交错的关系，如父子、兄弟、朋友、夫妇、君臣等，构成了复杂网络，具有纹理表象，因此"人伦"指人伦序列。"人文"与"化成天下"紧密连接，已接近"以文教化"的表述方式。然而，《象辞》中的"观乎人文，以化成天下"毕竟没有提出"文化"这一整体概念。西汉以后，"文化"才作为正式专有名词使用，如"圣人之治天下也，先文德而后武力。凡武之兴，为不服也，文化不改，然后加诛。夫下愚不移，纯德之所不能化，而后武力加焉"（《说苑·指武》），"设神理以景俗，敷文化以柔远"（《三月三日曲水诗序》），"文化内辑，武功外悠"（《补亡诗·由仪》）等等，大都沿袭此义，指以体现道德政治伦序的诗书礼乐教化世人，与武力征服相对应。

总之，中国古代的"文化"概念，基本属于精神文明范畴，大约指文治教化的总和，与天造地设的自然相对应，与无教化的"质朴"和"野蛮"形成对照。

二、传统文化中的民俗

中华民族作为一个历史悠久、文化灿烂的民族，不仅拥有浩如烟海、汗牛充栋的历史文献，而且具有注重民俗的悠久传统。源远流长的中国民俗是中国人民献给世界文化宝库的瑰宝。而注重发挥文化教化功能的悠久传统，则是中国民俗学产生和发展的根基。这种传统既使中国民俗学具有丰厚的底蕴和深刻的内涵，也使中国民俗学具有了不同于其他国家民俗学的独特起源，并且为中国民俗学研究开辟了一条与其他国家大不相同的道路。

我们说中国民俗学具有丰厚的底蕴和深刻的内涵，不仅在于我国古代文献中存在着极为丰富的民俗资料，而且在于众多古代学者对民俗事象有充分的分析和认识，有些甚至已经升华为对民俗理论的探索和思考。

如同中国古代典籍卷帙浩繁，中国历史上的民俗著作数量之多，质量之高，同样也是世界其他各国不可比拟的。且不说"四书五经""二十四史"和历代笔记小说中旁收杂录了丰富的民俗史料，到了宋代以后，各种文集、杂传和地方志的涌现，也使今人可以从中窥探到大量有关各地民俗事象的具体记载，以及作者对于这些民俗事象所做出的精辟独到的分析和态度鲜明的臧否。尤使别国民俗界艳羡的是，中国历史上还涌现出了许多记载民俗事象的专门性著作，如东汉应劭的《风俗通义》，南朝梁人宗懔的《荆楚岁时记》，宋代孟元老的《东京梦华录》、陈元靓的《岁时广记》，元代周达观的《真腊风土记》，明代杨慎的《古今风谣》、吕坤的《四礼》，清代姚旅的《露书》、龚炜的《巢林笔谈》、陈庆年的《西石城风俗志》、顾禄的《清嘉录》、索宁安的《满洲四礼集》、曹庭栋的《昏礼通考》等等。这类记录民俗的专著不仅琳琅满目，而且历代皆有问世，从而形成了一个宏大的民俗著作历史文献体系。中国古代民俗专著所具有的这种特点，是其他任何国家都不曾有的。这些有关中国民俗的重要文献资料，不仅为今人研究我国民俗的源流提供了十分宝贵的资料，而且为民俗学理论和体系的探索与构筑提供了必要的借鉴和启示。

在西方民俗学传入我国之前，先人对于民俗学的贡献主要在于对民俗事象的搜集、整理、分类和记录上，导致了我国民俗学在整个古代仅仅表现为有民俗事象的搜集和记录而无民俗学系统理论问世的时代特征。

从先秦开始，我国就产生了一些关于民俗的带有理论色彩的精辟见解。儒家学说的创立者孔子说："志古之道，居今之俗。"他主张将民俗从历史中解放出来，用于治理现实社会。对于民俗的教化作用，孔子认为"民教俗朴"，要让人们了解什么是民俗，何种社会行为依赖于民俗制约等，以强化民俗对社会的控制和治理作用。此外，孔子还对生育、婚嫁、丧葬、祭祀等多种人生礼仪民俗事象做过分析和研究。其中，孔子对葬礼特别重视，主张通过隆重的丧葬仪式来巩固家庭观念和社会伦理。孔子不仅删定"诗三百"，而且提出了诗歌与音乐是人生阶段的生理环节和社会环节中介的说法。《孝经》说："子曰：教民亲爱，莫善于孝。教民礼顺，莫善于悌。移风易俗，莫善于乐。安上治民，莫善于礼。"孔子比较民俗教化方式与考察民俗变异动因的论点，成为后世论述民俗功能与变革的一种代表性见解。

荀子的伦理社会思想是建立在以伦理道德价值观范畴为主要内容的基础上

的，在对民俗的理性探讨中，他已经注意到从民俗理论入手进行多方面的剖析。荀子以道德民俗作为社会评判标准，主张以美、丑、善、恶去分析和利用伦理民俗，参与社会治理，才可以收到"其法治，其佐贤，其民愿，其俗美"（《荀子·王霸》）的社会效果。不如此，统治者就会干出一些使"国家失俗"的愚蠢事情。他认为，民俗是由不同地区的民众性情、气质、服饰、器用、歌舞、仪式和社会管理习惯等群体性标志所显示的。因此，他说："入境，观其风俗，其百姓朴，其声乐不流污，其服不佻，甚畏有司而顺，古之民也。"（《荀子·强国》）他认为，民俗的形成是地方文化逐渐积累和沉淀的结果，即所谓"习俗之所积"。这样，荀子指出了民俗的自然属性，较之孔子民俗观点中的一些带有先验论色彩的说法是有本质区别的。

荀子还发现，并不是一切民俗事象都隶属于政治范畴，不同民俗事象的产生与地理和社会环境存在着密切关系。因此他提出："鲁人以榶，卫人用柯，齐人用一革，土地刑制不同者，械用备饰不可不异也。故诸夏之国，同服同仪；蛮夷戎狄之国，同服不同制。"（《荀子·正论》）对于民俗的功能，荀子强调"生而同声，长而异俗，教之使然也"（《荀子·劝学》），表明他已经看到了民俗对人生的教育功能。荀子赞同孔子提出的诗歌和音乐对人生道德观念有培养作用。他认为，诗歌和音乐有铸造人的正直、温和、宽厚、明辨和弘毅品性的作用。他甚至提到"夫声乐之入人也深，其化人也速"，"故乐行而志清，礼修而行成，耳目聪明，血气和平，移风易俗，天下皆宁"（《荀子·乐论》）。因此，荀子主张"论礼乐、正身行、广教化，美风俗"（《荀子·乐论》）。

老子对中国古代民俗学理论的探索同样有一定的贡献。老子民俗观的最大特点是自然民俗观。他从无知无欲的小国寡民思想出发，认为民俗的实质在于保存自然的人性。因此，他主张社会治理方式和治理目标应该是放弃世俗的功利价值观，只有这样，人们才能自然而然地"甘其食，美其服，安其居，乐其俗"（《老子》）。这种观点在日后逐渐演变成我国古代民俗理论中"天籁说"的源头。

以上诸多对于民俗的论述都表明先秦时期的学者对民俗学相关理论进行了一些有益的探讨和分析，他们将民俗视为教化社会、培育民风的一种不可或缺的因素而予以重视和肯定，使得先秦民俗学带有了"以人论俗"的特征。这种民俗观不仅对后世的民俗观产生了重要的影响，而且使"民俗"一词的含义也带有了一定的不确定性,导致我国先秦之后对民俗事象的分类产生了多样性的特点。

秦汉以降,记载民俗事象的书籍日渐增多,有关民俗功能的探讨也更加深入,其大都认定民俗的功能侧重于治国安民、移风易俗、教化民众,感化人生和追求礼仪。在儒生眼中,"古之王者莫不以教化为大务……教化以明,习俗已成","习俗薄恶,民人抵冒"(《汉书·礼乐志》)当是不争的事实和规律。为此,他们主张"为政之要,辨风正俗最其上也"(《风俗通义》)。

在这种民俗观的指导之下,自汉魏时期起,民俗已经引起学者及统治者的注意,并由此掀起了对民俗事象进行广泛搜集、详尽记录、分类整理和深入研究的风潮,这标志着我国进入自觉探索民俗功能的阶段。

东汉的王充在论述朴素唯物主义思想时,应用了大量的民俗事象作为论据,并指出了民俗事象虽是由感官和经验产生的,但不能对民俗事象进行违背其本意的随心所欲的解释。王充在《论衡·明雩》中指出"旱久不雨,祷祭求福,若人之疾病,祭神解祸"都属于民俗事象,分析其时,既不能对这种民俗事象进行曲解,也不能出于其他目的而用其来做文章。

两晋时期的郭璞,借助佛教文化的某些内容,依据我国社会生活中所存在的大量民俗事象,如木石崇拜、西王母不死药、仙山和神祭、民间医疗等写成《山海经注》,在尽量展示一个神奇瑰丽世界的同时,也充分体现了佛教文化对中国民俗渗透的特点。正是在这股文化融合的潮流中,诸如"牛郎织女"等民间故事才被记录下来。

南朝梁人宗懔,则对与我国农业生产有关的各种岁时民俗事象首次进行了总结。在《荆楚岁时记》中,他按照一年十二个月逐月归纳我国农业生产活动和生活事象,将岁时节日、祈年仪式、文娱竞技等大量民俗事象分门别类,使我国的地区性农业民俗第一次展示为一个特殊的系统和范畴。这种民俗岁时观点,不仅丰富和深化了人们对民俗功能和地位的认识,而且符合我国农业社会特点,从而为后世历朝历代的农业民俗文献所沿袭。

隋唐时期,虽然对民俗的研究尚未形成体系,更未将民俗研究升华为专门的学问,但已经出现对民俗与政治、生活、文化、民族及时代的关系等多方面的广泛探讨。唐人杜佑指出"人间胡戎之乐,久而未革。古者,因乐以著教,其感人深,乃移风俗"(《通典》),首次点明了特殊因素在民族风俗变异中的重要作用。白居易赞同选"观风史"、设"采诗官"等举措,认为"大凡人之感于事,则必动于情,然后兴于嗟叹,发于吟咏,而形于歌诗矣"(《采诗以补察时政》);"洎周衰秦兴,采诗官废,上不以诗补察时政,下不以歌泄导人情,乃至于谣成之风动,救失之道缺,于时六艺始刓矣"(《与元九书》)。白居易所强调的歌谣可以反映民情、补察时政的民俗观,集中地体现了我国古代学者对语言民俗所具有的功能的认识。这类观点为后世朱熹等学者所承袭。

自唐代开始,伴随着我国城市文化的发展,都市民俗开始进入学者的视野,不仅大量都市民俗事象得到记载,而且开始出现一些有关都市民俗的评述。唐代韦述的《两京新记》首开先河,对盛唐时代东都洛阳和西都长安这两大帝都的城市民俗进行了较为详细的记载与论说。

在此之后,宋代学者继承和发扬了这一传统,使有关都市民俗事象的著作大量出现,诸如《东京梦华录》《都城纪胜》《西湖老人繁胜录》《梦粱录》和《武林旧事》等。上述著作固然有对宫廷习俗的记载,但也记载了民间的市井百态。宋朝极为丰富的市民生活、文体娱乐、杂耍百戏、庙事集市等都市民俗资料,都得到了大量保存。这些都市民俗在当时学者的心中,被认为是"风俗典礼,四方仰之为师"(《都城纪胜·序》)。如此,都市民俗中心观的出现,对于民俗的渗透和变异理论的深化与完备是有一定价值的。

进入明清之后,儒学因不能适应社会的需要而遇到了前所未有的挑战,促使封建知识分子不得不从民俗事象中汲取有益养分,从而使民俗研究出现了一种新气象。他们借用民俗的社会功能,提倡"经世致用"之说,在社会的改革上下了一番功夫。那些文人或社会的改革者,或借助民俗怀旧复古,或利用民俗变革旧制,或以民俗为借口大倡启蒙之说,或以民俗为证据而变革文体,都表明这一时期的文人和思想家为了实现人生抱负,在经世致用学风的旗帜下开始深入挖掘民俗这座宝库的精华。

对于民俗的外延和内涵,我国古代学者也曾做过较为深入的探讨和分析。朱熹曾说:"凡言风者,皆民间歌谣,采诗者得之,而圣人因以为乐,以见风化流行。"(《答潘恭叔》)"风者,民俗歌谣之诗也……于以考其俗尚之美恶,而知其政治之得失焉。"(《诗经集传》)魏晋时期阮籍则认为:"造始之教谓之风,习而行之谓之俗……心气和洽,则风俗齐一。"(《乐论》)这表明,在我国古代民俗观中,即存在着将"风"与"俗"用作风尚习俗、世态民情、社会风气同义语的倾向，同时还反映了民俗具有民众自我教化和为众人所传习这两个重要特征。

在古代，中国作为礼仪之邦，自然存在众多与"礼"有着密切联系的学问，对于民俗的探讨，同样如此。《说文解字》认为："礼，履也。所以事神致福也。"《正韵》云："俗，习也。上所化曰风，下所习曰俗。"这种为了不违背"礼"才将"俗"上升为"礼俗"的观点，表明了遵俗以致礼，礼仪离不开民俗，俗才是礼的基础，礼则是俗的升华的民俗观。这种重视礼俗的民俗观，不仅成为中国古代民俗理论的一个重要方面，而且体现了中国古代礼制产生的根源及其基础。

在中国古代历史上存在着一个重要现象，即历代学者都曾提到的"华夷之辨"——利用华夏族的"衣冠威仪，习俗孝悌，居身礼义"（《唐律疏议》）的"王官教化"风俗来同化和改造周边少数民族乃至外邦民俗，所反映的同样是民俗学的功能观。

进入近代之后，挽救民族危亡的重任成为时代性主题而落到了每个中国人的肩上。优秀的中华儿女在寻求各种救国理论的同时，也将目光投放到了中国民俗这片肥沃的土地上。随着对世界的了解日益加深，中国人在民俗理论的研究上也取得了长足的进步，从而使中国民俗学在继承古代民俗资料搜集、分类整理及理论探索的优秀传统的基础上，逐渐形成了独树一帜的特色。

晚清著名学者黄遵宪是中国民俗学的先驱。黄遵宪（1848—1905），字公度，广东嘉应州（今梅州）人，曾担任过驻日使馆参赞、驻英使馆参赞、驻新加坡总领事、驻美国旧金山总领事等职，为晚清"诗界三杰"之冠。长期的外交生涯和世界性文化视野，使他对民俗的重要性有着极为深刻的认识和理解。黄遵宪认为，治国化民，必须研究通晓民俗，因为民俗具有难于更易和可以更易的特点。所以，"古先哲王知其然也，故于习之善者导之，其可者因之，有弊者严禁以防之，败坏者设法以救之。秉国钧者其念也哉。"（《日本国志·礼俗志》）

在此，黄遵宪不仅指出了民俗在国家治理中的重要作用，而且指出了民俗具有难以改变和可以变异两个重要特征，说明了国家政权在提倡优良民俗和移风易俗方面的重要地位与作用。在黄遵宪生活的年代，中国民俗学尚未问世，但是他对民俗理论进行的广泛而深入的研究，标志着中国民俗研究已经迈入了近代民俗学的门槛。

虽然黄遵宪未能像后来的民俗学家那样以更为科学、系统的方法来研究民俗事象，但是他从我国传统的采风观政、礼仪政教、治史问俗的治学传统出发，在文学、史学研究及政治活动中阐述了众多有关民俗事象的精辟见解，包括民俗的产生原因、表现形式与特点以及民俗研究的目的和方法等，为丰富和发展中国民俗理论做出了极为重要的贡献。

在民俗学的研究方法上，黄遵宪不但继承和发扬了中国古代采风问俗的优良传统，而且实际上已经开始运用西方民俗学家所倡导的田野调查法。例如，黄遵宪对故乡客家山区的风俗有着浓厚的兴趣，并深入客家民间去采集山歌，搜集婚嫁和祭祀习俗，调查对象甚至涉及妓女和乞丐等底层人物。出使日本后，他联系古代以輶轩使到各地采集歌谣、询风问俗、编汇成书的传统，将自己比喻成"古之小行人"，认为自己应该义不容辞地担起采风问俗的职责来。在调查日本民俗的基础上，黄遵宪写成了《日本国志》，把从史为政与采风问俗联系在一起，不仅又一次具体实践了田野调查法，而且使其民俗研究更为系统和自觉。

中国民俗学兴起于新文化运动时期。新文化运动中，在"科学"与"民主"两面大旗的号召下，中华民族掀起了一股势不可挡的觉醒浪潮。在这股浪潮中，民俗学作为"废旧学，兴新民"的一种思想在中国问世。北京大学是新文化运动的发源地，也是中国民俗学的诞生地。1918年2月，蔡元培、刘半农等人在《北京大学日刊》上发起征集近世歌谣的倡议。1920年，北京大学歌谣研究会成立，并于1922年创办了《歌谣》周刊。这些学术活动不仅使民俗学这个新的学术领域在中国得以开辟，而且催生了中国民俗学这一门学科。《歌谣》发刊词指出："歌谣是民俗学上的一种重要的材料，我们把它辑录起来，以备专门的研究。"在此研究宗旨的指导下，《歌谣》周刊不仅刊载了大量的民歌民谣，还发表了大量探讨民俗学理论与方法的学术文章，这表明当时的中国民俗学研究已经逐渐展开。

1923年5月，北京大学"风俗调查会"成立，对民俗的内涵和外延以及民俗调查的对象及方法皆做了大量有益的探索。该团体组织和策划了我国第一次真正意义上的民俗田野调查活动。1925年，顾颉刚、孙伏园、容庚、容肇祖等人对妙峰山进香庙会进行了详尽的调查。这次调查完全按照近代科学方法展开，打破了过去研究学问只注重经书的老传统，将"学问的对象变为全世界的产物"，标志着我国民俗研究活动进入了一个新的阶段。

我国民俗学研究经历了数次浪潮的冲击。日寇的入侵使我国民俗学研究刚刚兴起的蓬勃之势受到了影响，但是在战争中，知识分子与民众完全融合在了一起，从而使延安、昆明等地的民间文艺和民间风俗调查屡出新意，促使民俗的调查和研究有了一些新的发展。新中国成立以后，民俗学再一次呈现出了欣欣向荣的景象。可惜的是，在极左思潮的影响下，中国民俗学的发展势头又一次被阻断了。值得庆幸的是，科学具有顽强的生命力和愈摧愈坚的特征。1983年，全国性民俗学学术研究组织——中国民俗学会在北京成立，与此同时，全国各省（区、市）的民俗学会相继建立，民俗刊物也如雨后春笋般涌现。

北京大学、辽宁大学、中央民族大学、山东大学等许多高校纷纷开设民俗学课程，民俗学重返大学课堂，受到了学生的普遍欢迎。民俗学从一门"绝学"变成了一门显学。许多民俗学者从民俗学和文化人类学的角度深入收集和研究原始艺术遗留和活形态的民俗事象，开辟了一个个新的研究领域，也突破了以往那种仅仅着眼于主题思想和就事论事的研究方法，更多地侧重于揭示民俗的深层底蕴。

在中国民俗学重新崛起的时代，民俗工作者继承和发扬田野作业的传统，在重视民俗资料调查和收集的基础上，也做了大量的开拓性研究工作。全国学者通力合作，在普查的基础上编辑出版了"中国民族民间十部文艺集成志书"及《中国歌谣选》《中国民间长诗选》《谚海》《歇后语大全》等图书。不仅全国各地所编写的地方志中皆列有民俗志部分，还有许多民俗专志著作问世，如《西南少数民族风俗志》《西藏风土志》《林县民俗志》《岭南风俗录》《瑶族风俗志》《广东民俗大观》《浙江风俗简志》等等。特别是丁世良、赵放主编的六卷本的《中国地方志民俗资料汇编》，是从几千种地方志中摘录汇编而成的资料性大型民俗百科全书。

第三节　民俗的功能

任何一门学科的存在、发展及其地位，都取决于其研究对象在社会生活中所发挥的作用。因此，我们必须对民俗学的社会功能有一个全面的认识。

"功能"（function）一词，本意指某个器官、组织、个体机构在其所在系统中的作用。人类社会生活及为其服务的文化，也是一个有机系统。民俗作为其中的一个组成部分，它的功能，指它在社会生活与文化系统中的位置，它与社会文化因素之间的关系以及它所发挥的客观效用。

概而言之，民俗主要有四种社会功能，分别是教化功能、规范功能、维系功能、调节功能。

一、教化功能

民俗的教化功能，指民俗在人类个体的社会化过程中所起到的教育和模塑作用。

社会生活先于个人而存在。个人不能选择他所希望的社会形式，人是在十分确定的前提与条件下创造历史的。美国学者露丝·本尼迪克特曾在《文化模式》中这样描述风俗在个体社会化过程中的重要作用：

> 个体生活历史首先是适应由他的社区代代相传下来的生活模式和标准。从他出生之时起，他生于其中的风俗就在塑造着他的经验与行为。到他能说话时，他就成了自己文化的小小创造物，而当他长大成人并能参与这种文化的活动时，其文化的习惯就是他的习惯，其文化的信仰就是他的信仰，其文化的不可能性亦就是他的不可能性。

人是文化的产物，民俗作为一种文化现象，在个人社会化的过程中占有决定性的地位。人一出生，就进入了民俗的规范：诞生礼为他拉开了人生第一道帷幕；从周围人群中，他习得自己的语言；在游戏中，他模仿着成人的生活；从称谓与交际礼节中，他逐渐了解人际关系；他按照特定的婚姻习俗成家立业；他死去后，特定的丧葬习俗送他离开这个世界。人生活在民俗中，就像鱼生活在水中一样，须臾不离。

二、规范功能

民俗的规范功能，指民俗对社会群体中每个成员的行为方式所具有的约束作用。

人类社会生活需要的满足，往往可通过多种方式实现。例如吃饭，可用刀叉，也可以用筷子或者手抓。民俗的作用，在于根据特定的条件，对某种方式予以肯定或者强化，使之成为一个群体的标准模式，从而使社会生活有规则地进行。

民俗是起源最早的一种社会规范。恩格斯曾在《论住宅问题》中指出："在社会发展的某个很早的阶段，产生了这样一种需要：把每天重复着的产品生产、分配和交换用一个共同规则约束起来，借以使个人服从生产和交换的共同条件。这个规则首先表现为习惯，不久便成了法律。"恩格斯这里所说的"习惯"，就是原始的经济民俗。

法律源于民俗。汉字"法"的字形可算一个极好的例证，"法"字的象形字勾绘了这样的画面：某片水域旁边的空地上，立着一个人和一只兽。这个象形字是对原始社会审判习俗（即习惯法）的直接描绘：原始时期，同一部族的人发生纠纷，便将纠纷双方带到族中的圣地，由部族的神兽（往往是某种带有图腾性质的动物）择人而触，被触者即为有罪。"法"字的象形字，正是描绘了这种风俗，可见法律的前身即为民俗。

民俗是一种约束面最广的行为规范。在社会生活中，成文法所规定的行为准则只不过是必须强制执行的一小部分，而民俗却像是一只看不见的手，无形之中支配着人们的所有行为。从吃穿住行到婚丧嫁娶，从社会交际到精神信仰，人们都在不自觉地遵从民俗的指令。

在日常生活中，人们很难意识到民俗的规范力量，因此也就不会对其加以反抗。民俗对人们的控制，是一种"软控制"，却又是一种最有力的深层控制。

三、维系功能

民俗的维系功能，指民俗能统一群体的行为与思想，使社会生活保持稳定，使群体内所有成员保持向心力和凝聚力。

民俗能维系社会稳定。任何社会都处在不断变化中，每一种文化都必须根据外部环境和内部情况的变化而不断做出调整。在社会生活的世代交替中，民俗作为一种集体经验或记忆不断被后代继承，由此保持着社会的连续性。在文化变迁中，民俗就像是一个巨大的胃，将新产生的或者外来的生活方式、价值观念等加以消化，吸收某些新东西进入原有的民俗体系，大量旧的、不合时宜的则被遗弃。即使在大规模的急剧社会变革中，与整个民俗体系相比，发生的变化总是局部的、渐变的，这就有效防止了文化的断裂，维系了社会生活的相对稳定。

民俗不仅统一着社会成员的行为方式，而且维系着群体或民族的文化心理。每个民族或社会群体，都生活在一个特定的自然条件和社会环境中，有自己独特的历史道路，因而形成了特定的集体心理。民俗是人们认同自己所属群体的标识，例如世界各地的华侨，虽然身处异地，但他们通过讲汉语、吃中餐、过中国传统节日等方式，与自己的民族保持着高度的统一。

当然，我们也应该看到：民俗的维系功能，既有积极的一方面，也有保守的一方面。

四、调节功能

调节功能是指通过民俗活动中的娱乐、宣泄、补偿等作用，使人类社会生活和心理本能得到调剂。

民俗的娱乐作用显而易见。人类创造了文化，目的是享用它。人不可能日复一日、永无止境地劳作，必须在适当的时间进行适当的娱乐活动，休养身体，调整精神，享用劳动成果，进行求偶、社交等活动。世界上没有哪一个民族没有节日、游戏、体育等，它们都是人们生活的调节剂。

民俗也有宣泄的作用。人类社会生活中，个体的生物本能在群体中必然受到一定程度的压抑。无论是生理压抑，还是心理压抑，对人们来说都是一种破坏性的力量，如果不在某种程度上得到宣泄，一旦积郁起来集中爆发，其后果都是不堪设想的。有的民俗就是应这种需要而产生的，如古希腊、古罗马的酒神节，人们在节日里饮酒狂欢，日常生活中的种种禁忌在这时全部被打破。这种狂欢节日，许多民族历史上都产生过。中国古代的上巳节，也有类似性质。《周礼》记载："仲春之月，令会男女，于是时也，奔者不禁。"现代一些少数民族的狂欢节日，如傣族的泼水节、蒙古族的那达慕等，也有宣泄的功能。另外一些民间游戏，如斗鸡、斗牛、斗蟋蟀、下棋等等，都能起到宣泄心理能量的作用。

　　民俗还有补偿作用。人们在现实生活中难以得到满足的种种需求，往往可在民俗中得到某种补偿。恩格斯在《德国民间故事书》一文中提及，民间故事使一个农民在做完艰苦的日间劳动，拖着疲惫的身子回到家的时候，得到快乐、振奋和慰藉，使他忘却劳累，把他那块贫瘠的田地变成芳香馥郁的玫瑰园；使一个手工业者作坊和一个疲惫不堪的学徒的寒伧的楼顶小屋变成一个诗的世界和黄金的宫殿，而把他那身体粗壮的情人变成美丽的公主。这就是一种精神的补偿。在情歌中，人们歌唱美好而大胆的爱情；在某些宗教仪式上，人们暂时超越了尘世的苦难，沐浴在神灵的光辉之中；各种各样的民间工艺、民间文艺，不仅使人们赏心悦目，而且使生活充满了吉祥和希望。所有这些，都是民俗给人们单调而贫乏的日常生活的补偿。

　　上述民俗的四种功能，只是民俗在社会生活中所发挥的一些最主要的功能，绝不是民俗的全部功能。应该说，人类社会生活的需要是多种多样的，各民族、地区、时代的文化千差万别，在此基础上产生的民俗事象也必然是千姿百态的。

　　民俗应社会生活的需要而产生并为其服务，也因社会生活功能的变化而变化，因其功能的消亡而消亡（尽管这种消亡有时需要很长的时间），因此，对各种民俗的社会功能的研究，始终是民俗学的一个重要课题。

 思考与讨论

　　民俗学与传统文化之间有什么关系？

 **思政小课堂**

1. 文化来源于生活，生活的最高层是文化引领和精神传承。

2. 学习与研究传统文化中的民俗文化，不仅要了解各种风俗习惯、生活方式、民间艺术、传统节日等，还要挖掘这些民俗文化中蕴含的现实意义，懂得民俗文化的特色和不同文化之间的融合，在思想教育方面进行文化内涵的提炼，批判地继承民俗文化中的优秀文化基因，为社会主义文化建设服务，从而增强文化自信。

第一章

建筑民俗

中国疆域辽阔，历史悠久，有着7000多年的建筑历史。中国大地上出现过难以计数的古代建筑，至今仍保存着丰富的建筑遗迹。中国古代建筑集科学性、创造性、艺术性于一体，既具有独特的风格，又具有特殊的功能，在世界建筑中独树一帜。中国建筑作为世界三大建筑体系之一，与欧洲建筑和伊斯兰建筑并列，自豪地屹立在世界文化之林。可以说，无论是秦砖汉瓦、隋唐寺庙、两宋祠观，还是明清宫殿、皇家园林……无不凝聚着中华民族的智慧，是中华文化的重要组成部分。按建筑类型分，中国建筑主要包括宫殿建筑、寺庙建筑、园林建筑、陵墓建筑和民居建筑五大类。限于篇幅，本书主要介绍与百姓生活关系最密切的民居建筑。

民居，顾名思义，就是老百姓居住的房子，我们现在居住的城市单元楼房和农村新式瓦房也属于民居。不过我们这里只介绍过去各民族大众所居住的老房子，这对现在大多数人来说是一个既熟悉又陌生的世界。人们往往乐于参观名胜古迹、宫阙园林，而那些普普通通的传统民居却很少有人问津。在大多数人心目中，这些民居只不过是些与现代文明相距久远的老房子。然而，正是这些千百年来与人们朝夕相处的老房子滋养了一代又一代人，忠诚地记录着一代又一代人的沧桑故事，生动地留存了我们祖先真实的生活场景，同时也凝结了中国几千年的建筑智慧。

第一节 建筑的价值

建筑的主要类型就是房屋。一般说来，房屋是人们在其有生之年所能够创造出的最显而易见的、摸得到的、最大的成就。因此，房屋在文化研究中起着至关重要的作用，尤其是有助于我们研究文化之间的差异、人与人以及人与社会之间的关系、文化的传播、文化的持续发展和保存、文化的交融等问题。

一、建筑与人生

对于传统的中国人来说，盖房子是人生的一件头等大事，甚或是人们奋斗一生的终极目标。有人说，有房才有家，没有房子，就难以体会家的温暖和安全。有人说，一个人如果能给后人留下房产，便不算落魄。也有人说，对中国人来说，生老病死大都在房子中进行，许多地区的老人便希望在住了一辈子的老宅中辞世。换而言之，房子通常是一个人奋斗一生的见证，所以，房子在中国人的生活中占有非常重要的地位。

古人认为，坟墓是一个人死后居住的"房屋"，因此，人们到了一定的年龄就开始为自己的后事，也就是死后的归宿做准备。在古代，从墓地的选择，棺木（寿木）的材质、式样、颜色，到死后的服饰（寿衣），人们都要精心准备。在中国的不少地区，为老人选墓地、选寿材一般都是在老人活着的时候进行，要请老人过目，倾听老人的意愿，最大限度地满足老人的心愿。可以说，一生最大的幸福莫过于生与死都"各得其所"。

二、建筑与文化

建筑，尤其是房子是自然环境和人文因素的综合产物：一方面，房子的选址、选材、样式和结构形式受制于当地的自然环境；另一方面，房子又是人类设计和施工的成果，人们的各种思想观念都会在房屋建造与布置中有所体现。例如，中国传统的阴阳五行思想和生命观念都是中国传统民居选址选材、格局设计、装饰搭配等流程的指导思想。中国传统民居可以说是一种文化传统的思想及其观念的"物化",因为从建筑地点、建筑材料、建筑模式、建筑技巧、建筑结构到建筑过程都体现着人们的宇宙观、世界观、价值观、人生观和审美情趣。质言之,中国传统民居是一种文化的载体。例如,中国传统民居中的四合院就充分体现了中国传统哲学思想。所谓四合,就是四象、四方、四时和五行观念的集中体现。四合院还注重中轴和对称的概念,并融入了八卦方位的理念。四合院大门多开在东南角巽地,巽为风、为入,寓意财源滚滚而入。倒座房,指建在最南边的房屋,北向,是堆杂物和男性仆役居住的地方。西厢,西为兑,卦象为少女,故西厢为年轻女性居所。东厢,东为震,卦象为长男用事,故东厢一般安排男子入住。正房,居中为贵,家长所居。门窗向南,南为离,取向明离之意。后屋,为堆放杂物之处及女性仆人居所,也是炊事之所。厨房是生火的地方,安排在居北坎位,因坎位属水,取水克火之意。主房、大门两大要素在方位上构成相生的关系,主房居正北坎位,属水,大门置于东南巽位,属木,表示水木相生。

传统民居的装饰和建筑附件也具有象征意义。例如,鸱是中国传统建筑中常见的一种脊饰,早在汉代就出现了。据《唐会要》记载:"汉柏梁殿灾后,越巫言海中有鱼,虬尾似鸱,激浪即降雨,遂作其象于屋以厌火祥。"人们之所以选择用鸱来装饰屋顶,是希望用鸱的水属性来克火,以免发生火灾,其中蕴含了中国传统的五行相生相克的思想。

三、建筑与社会

建筑是生存于社会中的人的创造物,是社会财富之一,因此不可避免地会打上社会的烙印。中国传统建筑传递着明显的道德伦理和等级尊卑观念。

中国传统建筑的屋顶形式大致分为四个等级,即庑殿、歇山、悬山和硬山。庑殿是中国传统建筑中级别最高的屋顶样式,主要用于皇宫和庙宇中的主殿。歇山为第二等级,又称九脊殿,由一条正脊、四条垂脊和四条戗脊组成,用于皇宫和庙宇中的次殿。悬山和硬山稍有差别,悬山的式样稍微有些讲究,在等级上略高于硬山。硬山式屋顶最简单,广泛用于普通的民居。由此可见,建筑与人的身份、等级有密切的关系。

四、建筑与情感

建筑，尤其是民居，可以说是情感的记忆库，人们思乡和念家的情感大都会化为对故居的回忆。建筑常能充当感情的媒介，故居往往是人们找寻过去时光的钥匙。人们常常会以为自己忘记了很多事情，但是一旦回到故居，任何一件实物，都会成为人们回到过去的通道。时光流逝，可以带走一切，也可以掩盖一切，但是房屋却像一双手，为人们挽留许多美好的回忆。譬如，一个远别家乡的游子重返儿时居所，无论房屋变得如何破败，他仍旧可以回想起自己在房前或房中跌跌撞撞走路的样子。他似乎能和整座房子进行交流，推开吱吱嘎嘎乱响的门，在昏暗中也能找到通向各处的路径，想起熟悉的布局。门把手或已脱落，曾经的触感却似乎仍萦留手中。对童年和故居的回忆可以影响人的一生，因为它是永远的避风港和归宿。无论要走多远，无论要经历多少磨难，对故居的记忆（即对家的记忆，故居承载着人对家的记忆）将永远支撑着人们。因此，从某种角度来说，故居能够愈合人们的伤口，让人们得到休息和调整，不再感到孤独和害怕。

五、建筑与性格

建筑的形式同样可以反映出一个民族的性格。建筑大体可分为纵向和横向两类，其中到底有什么含义呢？"横卧大地"，象征着人与自然的融合，把自己与自然融为一体；"耸立大地"，体现了对大自然的超越。

中国传统建筑多采用横向的形式，与大地紧紧相连，表现出中国人稳健、平和、纯朴、自然、自信、保守的性格特征，与中国传统的世界观和信仰习俗相一致。在中国传统文化的背景下，横向建筑除了上面提到的那些特点外，还有调和人与自然、黑暗与光明、生与死等特点。其实，建筑本来就是人与自然相对立的产物，是把自然的东西转化为文化的东西的典型代表。但是，选择横向建筑形式，建筑线条柔和，不过分渲染和突出建筑的非自然特点，同时又多以纯天然的木材作为主要的建筑材料，体现了一种温和、务实的性格倾向。

而西方则追求纵向的建筑形式，具有浓郁的西方文化色彩。一方面，纵向建筑突出了建筑的高度，把人们的目光引向天空，引向宇宙，突出了宇宙的神秘和无际；另一方面，纵向建筑也凸显和夸大了天与地、黑暗与光明、生与死的界限，表现出一种追求张扬、坦率、夸张、刚硬、冒险的性格特征。另外，西方喜欢选择石材作为建筑材料，线条刚硬，体现出一种追求永恒不灭、无生无死的境界的意愿。

另一种观点认为，从宗教的角度看，纵向建筑意在缩短天国和人间的距离，使人类更接近上帝，更容易感受到上帝的精神和力量。这是宗教建筑的一种共同特点。包括中国的一些带有宗教性质的建筑，如塔等，其目的都在于提醒人们天国或另一个世界的存在，以增加人们对天国和宗教世界的认同和向往。

第二节　民居的形式

我国幅员辽阔、民族众多，受自然环境、历史文化传统以及文化交流等因素影响，各地区、各民族的民居形式多样，各具特色，形成了丰富多彩的民居文化。

一、四合院

四合院是北京传统民居形式，辽代时已初具雏形，经金、元、明、清，逐渐完善，最终成为北京最富特色的居住形式。

所谓四合，就是分居四面的北房、南房和东西厢房在四面围合，形成一个口字形中心庭院。北房是正房，处在全宅的中轴线上，坐北朝南，开间、进深、高度和装饰的规格等都居全宅之首，作为堂屋和家中长辈的居所；院子两侧的东西厢房陪衬着正房，为晚辈居所；南房居南朝北，所以又称为倒座房，为账房、门房等。从布局来看，四合院中男女、长幼、尊卑秩序井然，这符合中国"长尊幼卑"的传统。这种按照宗法理念设计的四合院最能体现古代社会的长幼有序、上下有分、内外有别。在家族制度基础深厚的中国，四合院也有尊崇祖先、维系亲情的作用。各房的人联系密切，院内有游廊，即使是下雨天，院中人也能互相串门。院子是交通、采光、通风的枢纽，并配以绿化，成为休息与家庭活动的中心。

四合院四面房子都向庭院方向开门。对外只设一个街门，一般辟于宅院东南角，关起门来自成天地，具有很强的私密性。大门内通常还设有影壁，人们认为在此设置影壁有驱邪、聚气生财的作用。四合院一般是一户一住，也有多户合住一座四合院的情况，俗称为"大杂院"。

二、土楼

集居式土楼是一种风格比较特殊的民居形式，主要分布在福建和广东两省，是一种主要以土作墙建造起来的集居式大型单体民居建筑。这种建筑有两大特点。一是对建筑防御功能的强调：墙厚，门窗少，对外封闭，对内开敞，这一点与藏羌碉房相似。二是在使用上的集居性：作为体量庞大的单体式建筑，一座土楼可容纳上百户人家。所以，这种既有利于家族团聚，又能有效防御外敌的居住形式，成为福建、广东地区客家人聚族而居的不二选择。土楼的产生和发展，与客家移民迁居的历史有密不可分的联系。客家人原是居住在黄河流域的汉族人，从西晋时期起，为躲避中原地区的战乱，不得不大批南迁。为了在异地他乡生存下去，客家人以家族为单位，聚族而居，创造了土楼这种既有严密的防卫设施，又能满足封建伦理和宗族制度需要的庞大民居。

土楼以圆形土楼、方形土楼最为常见。福建华安县蒋姓氏族的二宜楼是很有代表性的圆形土楼，其直径达70多米，分内外两环，外环有四层，每层靠近庭院一边都设有走廊，第四层设有全楼贯通的通廊。二宜楼共有12个居住单元，近200个房间。每户人家占用从上到下的一个到几个开间不等。内环平房为厨房与客厅。外环各层设仓库与卧室，各有楼梯连接。内部圆形广场是人们的公共活动空间，祠堂位于圆楼正门正对的房屋中。整个建筑牢固坚实，冬暖夏凉，公私兼顾，安稳舒适，宜家宜室，宜内宜外，是为"二宜"。

永定县（今龙岩市永定区）江氏家族的承启楼，被称为"土楼王"。这座土楼从明代崇祯年间破土奠基，到清康熙四十八年（1709）竣工，三代人经过大半个世纪努力才终于建成。一般的土楼最多也就三层高，而"土楼王"无论是高度还是占地面积都超过一般土楼，"高四层，楼四圈，上上下下四百间。

圆中圆，圈套圈，历经沧桑三百年"。其最外环为四层楼房，一层是厨房、餐厅，二层是仓库，三、四层是卧室，四层共有288个房间。第二环为两层楼房，有80个房间。内环为平房，有32个房间。全楼共有400间房，4部楼梯。中心庭院有单独设置的祠堂建筑，其大门正对圆楼大门。承启楼最多时曾住过800多人，可以说一座土楼就是一个客家人聚族而居的小社会。

三、窑洞

窑洞是西北黄土高原、黄河上游地区等少雨地带的典型民居。人类的居室大都因地制宜而营造，在黄土高原表现得尤为突出。黄土高原的土崖畔，正是开掘洞窟的天然地形。窑洞防火，防噪音，冬暖夏凉，既节省土地，又经济省工，确是因地制宜的完美建筑形式，十分适宜居住。

窑洞按建造方式的不同可以分为三大类：靠崖式窑洞、独立式窑洞和下沉式窑洞。靠崖式窑洞又称为靠山窑，顾名思义，就是靠着山坡沿黄土坡边缘向内横向掘出洞穴作为居室，人们将其概括为"随山就势，靠山打窑"。如有适宜地形，人们一般都会充分利用，沿着山坡崖壁从下往上开掘窑洞。众多窑洞依山向上错落分布，其间有"之"字形或S形道路连接彼此，各层、各户窑洞由此构成大型的梯田式窑洞聚居村落。

独立式窑洞又称箍窑，是在平地上以砖石或土坯砌成拱券，然后再覆土建造的独立窑洞。这种窑洞既保留了窑洞的优点又摆脱了地形的限制，较为灵活，只是造价高一些。山西平遥的独立式窑洞大多以砖砌成，高大坚固，多与其他建筑组合形成四合院。

下沉式窑洞又称平地窑、地坑院、暗庄子，是窑洞建筑中最为独特的一种。它是在平地上向下挖深坑，使之形成人工土壁，然后在坑底各个方向的土壁上掘出空间充当居室的特殊合院式民居。有民谣很形象地概括了这种特殊窑洞形式："进村不见村，树冠露三分。麦垛星罗布，户户窑洞沉。""上山不见山，入村不见村，平地起炊烟，忽闻鸡犬声。"这种窑洞多流行于河南巩义、三门峡、灵宝，甘肃庆阳和山西平陆一带。其布局与北京四合院类似，以坐北朝南的窑洞为主窑，是长辈的住房，两边的窑洞是晚辈的卧室以及厨房和储藏室，南窑洞作为厕所和畜圈，也是四合院出入口所在。下沉式窑洞的顶部通常要比周围地面略高一些,还建有一圈"女儿墙",这样既可避免地面上的人不小心跌落,也可防止地面雨水流入院子中。

四、傣族竹楼

苏东坡诗云:"宁可食无肉,不可居无竹。"从这个意义上说,生活在云南西双版纳地区的傣族人算得上是最幸福的人。竹楼是傣族人世代居住的居所,是一种干栏式住宅。

西双版纳地区的傣族竹楼以竹木为材料,木材作屋架,竹子作檩、椽、墙、梯、栏,各部件以榫卯方式连接并用竹篾绑扎。竹楼下层架空,主要用来饲养家禽家畜。上层以竹编篱笆为隔断分出堂屋和卧室。堂屋内设火塘,火塘上方悬挂着一个方架,用于烘烤谷物等。火塘周边铺着竹席,用餐会客都在这里进行。堂屋外还设有明亮宽敞的前廊和晒台。傣族竹楼的屋顶也很有特色,多采用歇山式屋顶,正脊短,坡度陡,屋檐低且出挑深远,利于遮阳避雨,于是建筑整体形如一顶尖尖的帽子,所以这种民居又被人们俗称为"孔明帽"。有传说称,是三国蜀汉的诸葛亮(字孔明)来到此地,教会傣族人盖这种房子。诸葛亮在地上插了几根筷子,脱下帽子往上一放,叫人们按这种形式去盖房,于是傣族竹楼就建成了孔明帽子的形状。这当然只是传说而已,并不足信。

傣族竹楼往往非常宽敞,空间很大,也少遮挡物,通风条件极好,足以应对西双版纳潮湿多雨的气候条件;楼下架空,墙用竹篾编成,多空隙,便于泄去当地因雨量集中而频发的洪水。总而言之,这样的竹楼一防潮湿,二利散热通风,三可避虫兽侵袭,四可避洪水冲击。此外,傣族人喜欢在竹楼周围栽凤尾竹、槟榔、芒果、香蕉等,村寨大多充满诗情画意。"走进竹林一片黄,挑选一些来盖房,不要砖来不要瓦,冬天温暖夏天凉。"傣族人通过歌谣表达了对这种竹楼的喜爱。

五、吊脚楼

著名土家族诗人汪承栋有诗云:"奇山秀水妙寰球,酒寨歌乡美尽收。吊脚楼上枕一夜，十年做梦也风流。"吊脚楼，这一古老的建筑形式，穿过历史的尘埃，在湘西大地上粲然卓立，依山傍水，凌空而起，素雅明净，轻灵飘逸，悄然绽放。它们勾勒出这片古老土地的神奇与美丽。

  吊脚楼在学界被称为"干栏"。这一称谓可能源自《旧唐书》："土气多瘴疠，山有毒草及沙虱、蝮蛇，人并楼居，登梯而上，号为'干栏'。"由于南方天气潮热、水草茂盛、虫蛇较多，加之山区地势使然，这种独特建筑形式便应运而生。吊脚楼大多为典型的干栏式建筑，亦有不少半干栏式建筑，至今在湘西的土家族、苗族及侗族等少数民族聚居区仍普遍存在，而土家族的吊脚楼最为人们称道。

  湘西的土家族、苗族及侗族等大多居住在山区，山高坡陡，平整、开挖地基极不容易，加上当地天气多变，潮湿多雾，砖屋底层地气很重，不宜起居。因而，这些民族历来依山傍水，构筑一种通风性能好的干爽木楼，即"吊脚楼"。吊脚楼建在斜坡上，把地削成一个"厂"字形的土台，土台下用长木柱支撑，按土台高度取其一段装上穿枋和横梁，与土台平行。吊脚楼低的七八米，高者十三四米，占地十二三平方米。屋顶除少数覆以杉木皮外，大多加盖青瓦，平顺严密，大方整齐。

六、船形屋

  船形屋是聚居在海南五指山中的黎族的传统民居。黎族的船形屋与海洋文化密切相关。黎族民间故事《雅丹公主》描写了船形屋的由来。据说，雅丹公主坐小船漂流到海滩上，她把小船拉上岸，倒扣在木桩上做屋顶，又割来茅草充当屋壁，建成了船形屋。后来，船板烂了，她便割来茅草盖在屋顶。由此可见，船形屋具有船的象征性。

  船形屋属于原始的干栏式住宅，因屋顶呈拱形，状如船篷而得名，屋顶常覆有厚厚的茅草。船形屋最初分上下两层，居者沿竹梯上下，上层住人，下层用于饲养家畜。随着汉族迁徙海南和生产力的提高，黎族的船形屋开始有高架与低架之分，并发展出更多的形制。其圆拱造型利于抵抗台风的侵袭，架空的结构有防湿、防瘴、防雨的作用，茅草屋面也有较好的防潮、隔热功能，且能就地取材，便于拆建。鉴于这些优点，船形屋得以世代流传。

七、碉房（碉楼）

碉房的主要代表为我国藏族、羌族聚居地区的传统石砌建筑。为了适应高寒山区气候和满足防卫的需要，这种建筑的石砌墙体较厚，开窗较小，坚固结实，外观犹如牢固的碉堡。

羌语称碉楼为"邛笼"。羌族碉楼被誉为"世界建筑明珠""东方金字塔"。早在两千年前，《后汉书》中就有羌族人"依山居止，垒石为室，高者至十余丈"的记载。碉楼有四角、六角、八角等几种形式，一般为三层，上层堆放粮食，中层住人，下层圈养牲畜。中层起居大屋正中设有火塘，火塘是全屋活动的中心，也被视为神圣的地方。羌族崇尚白色，有崇拜白石的传统，普遍将其供于房背、门窗横档，这成为羌族聚落中的一大人文景观，极具民族特色。羌族碉楼因此也被称为"玉堡碉"。

除了生活居住的碉房外，碉房式建筑还包括一类主要用于军事防御的石砌高碉楼。藏羌人民生活的岷江上游、大渡河上游地区历史上部落众多，战事频繁，修建于交通要道、关卡、村寨入口或民房后的石碉楼一般用于军事防御。这种碉楼一般都在20米以上，低者七八层，高者十数层，中上部各层不同方向的墙上错位开有用于观察、攻击的孔洞。现存的碉楼多为清朝修建，历经数百年仍屹然耸立，充分体现了藏羌人民高超的建筑技艺。四川甘孜藏族自治州的丹巴碉楼林立，雄伟壮观，有"千碉之乡"的美誉。

藏族碉房的结构与羌族碉楼大致相同，底层堆放杂草和用作牲畜厩舍，中层供起居，顶层略有不同——设有单独的经堂，这是家中最神圣的空间，家中成员要经常到经堂诵经朝拜。

八、蒙古包

蒙古包泛指我国蒙古族、哈萨克族、塔吉克族等民族牧民居住的帐篷，一般为圆形，古代称"穹庐""毡帐"，即蒙古人所称的"格尔斯"。蒙古包一般用柳条做骨架，外侧包羊毛毡，再在顶部中央设可支起的圆形天窗，是一种可移动式圆形住宅。在柳条两侧涂灰草泥代替毡子，即成为半永久式的固定蒙古包。在两栋圆形住宅之间，联以土墙，构成并列的三间房屋，即成为土房。

蒙古包一般在内部正中天窗下设置炉灶，人们围炉而坐。蒙古包内区域虽然面积不大，但是各个分区的功能不仅是固定的，还有着男女、长幼、主客的位置区别。蒙古包内正对着门的内侧区域安置着家中男主人的座位，以此为分界，男客坐男主人的右侧，女客和儿童坐男主人的左侧。一般在蒙古包西北角还设有佛龛，佛龛前不能坐人。随着社会经济的发展，蒙古包也有了一些变化，比如在蒙古包上加建玻璃窗，使室内更明亮；有了风力发电机后，蒙古包内出现了电视等现代化设备，等等。蒙古包是蒙古族人民经过千百年摸索创造出来的一种建筑形式。它适应游牧民族的生产、生活方式，具有许多优点。首先，蒙古包呈圆形，风阻小，冬季少积雪；其次，蒙古包易于拆建，便于搬迁；最后，建蒙古包可就地取材，搭建简便，一般用自己生产的羊毛毡子和附近生长的柳、榆为材料即可完成，不需要大型工具。

九、徽州民居

徽州山地"高低向背异，阴晴众壑殊"，当地居民以阴阳五行为指导，千方百计选择风水宝地建村，以求上天赐福，衣食充盈，子孙昌盛。徽州古民居，大都依山傍水。山可以挡风，方便取柴烧火、做饭、取暖，又给人以美感。村落建于水旁，既方便饮用、洗涤，又可以灌溉农田，美化环境。徽州的古村落，街道较窄，白色山墙宽厚高大，灰色马头墙造型别致。

徽州城乡住宅多为砖木结构的楼房。清代以后，多为一明（厅堂）两暗（左右卧室）的三间屋和一明四暗的四合屋，一屋多进。大门饰以山水人物石雕砖刻，门楼重檐飞角。各进皆开天井，通风透光，雨水通过屋顶斜坡流入阴沟，俗称"四水归堂"，意为"财不外流"。各进之间有隔间墙，四周高筑防火墙（马头墙），远远望去，犹如古城堡。一般是一个家庭住一进，中门关闭，各家独户过日子。祭奠先人时，才打开中门。徽州山区气候湿润，人们一般把楼上作为日常生活的主要栖息之处，保留先民"巢居"的遗风。楼上厅屋一般都比较宽敞，有厅堂、卧室和厢房，沿天井还设有"美人靠"。

古徽州一府六县，古民居都保存较好，其中又尤以今江西婺源的江湾，安徽歙县的唐模、棠樾，安徽黟县的西递、宏村，安徽绩溪的龙川、湖村为最。

黟县西递和宏村还被联合国教科文组织列为"世界文化遗产"。

十、山西民居

在中国民居中，山西民居和皖南民居齐名，一向有"北山西，南皖南"的说法。山西民居中，最别致、最华丽的要数汾河流域的民居了，而汾河流域的民居，最具代表性的又数祁县和平遥民居。山西民居以土坯大砖为建筑材料，常为瓦房。房屋都是单坡顶，无论厢房还是正房、楼房还是平房，双坡顶不多。布局、结构一般以三间为主，连上院墙和房屋形成四合院。由于采用单坡顶，外墙又高大，雨水都向院子里流，也成"肥水不外流"之意。院落多为东西窄、南北长的纵向矩形，院门多开在东南角。院墙大门和房顶都建有独特的装饰，风格朴素深厚，气质内敛，反映了中原地区纯朴的民风。

山西民居院落外墙皆为灰色清水砖墙，颜色古朴单一，外观高耸封闭。但造型各异的宅门、脊饰、烟囱帽、风水楼与风水影壁的共同作用，使建筑沿街轮廓线丰满舒展。民居古拙而不陈旧，统一而不单调，丰富而不凌乱，细腻而不琐碎。屋门、窗的造型及使用方法颇为独特，所有的窗格都做成式样繁多的吉祥图案或图形，层层门窗做工精细、巧妙，与实墙构成鲜明的对比。正如梁思成先生所言，"外雄内秀"是山西民居的特色。

个案研究：建房习俗浅谈——以家乡草房为例

文/康君

（一）

土墙草房，在仁寿地区存在了相当长的一段时间，可谓广大乡村房屋的"标配"；场镇上也能见到草房，错落在大户人家的瓦房间。

修房最经济的一种方式当属就地取材。家乡出产小麦、水稻等农作物，乡人盖房常用麦草和谷（稻）草。其实，茅草才是更好的选择，但需视区域而定。茅草适合在山上生长，越是大山，长得越好，像家乡周边的牛角寨、夫子崖，以及酸枣湾等地（我猜测那道山脉到二峨山都适合茅草生长），都长有成片的茅草，而且长得非常茂盛，很难想象看起来贫瘠的暗红色沙土地能长出这般茅草；像我家后面的大坡山、太阳山等浅山上，茅草常是东一块西一块，稀稀疏疏，长得也不茂盛。茅草是极耐湿的一种植物，所以茅草房算是比较"高级"的草房。很多不靠大山，不产茅草的地方，更多的是用麦草或者谷草盖房，而谷草是等而下之的选择。

有种说法，茅草房冬暖夏凉，一二十年后长的青苔能够覆盖房子，起到保护层的作用，住起来"巴适得很"（四川方言，指很好、很舒服）。这话听起来不错，其实是受经济条件限制，如今的砖瓦房住起来干净整洁，比起土墙草房不知好多少倍呢。在我看来，草房——无论是茅草房还是麦草房——住起来并不舒服。为什么呢？新房倒还可以，几年后，随着时间的推移，漏雨就无法避免，而且越漏越厉害，每年夏天的雨季，补房子实在是苦不堪言的事，个中滋味，只有住过草房的人才能体会。

我们家最初住的就是这种茅草房。我家建过两次房，一次是在20世纪80年代，一次是在2000年左右，都是母亲和姐姐操持修起来的。

第一次建房，最初没有准备那么多的茅草，只有两间卧室用了茅草，后来才逐年将所有的屋顶换成茅草顶。准备茅草实在是很辛苦的活，大部分是母亲和姐姐去大山上割，一背篼一背篼背回来的，少部分是购买的。

割茅草的时间是在立冬前后,这时候小春作物已经播种完了,属于农闲时间,夫子崖的茅草也开始变黄干枯了。母亲和姐姐(姐姐在读书,只在假期有空)有时候带上两块玉米饼,一大早就出门了,一天可以割回来三趟。因为山上茅草多,加之茅草也要每年割才会越长越好,所以一般来说,茅草坡的主人不会太计较。但是若割茅草的人特别多,且不会依次割干净,只拣长势好的来割,有的甚至连坡上的小柏树也砍,难免引起主人反感,加上茅草偶尔也能换钱,久而久之,主人便不许外人来割草,见到了就会吆喝制止。所幸我家本来也靠近大山,又与主人相识,才不至于没得草割……

修房置屋无疑是件大事,每户人家都会遇到,而且非常辛苦,非一家之力可以轻松完成。那个年代,一家人修房,周边很多人都会去帮忙,提供力所能及的帮助,或是做饭,或是提供粮食蔬菜,或是梳草、挖土、挑土……真是极好的邻居!甚或还有提供建筑材料的。修房,建筑材料是大头,需要提前准备,除了房草,还要竹子、木料、石料等等。竹子是家家户户都栽种了的,只是修房需求量很大,自家种的往往不够,这时候就要左邻右舍帮忙了,东家砍几捆,西家砍几根,大家帮衬着才够用。

木料就不那么容易备齐了,毕竟每家分得的林盘(方言,即林地)都不大,能够作为建材的树木往往长势缓慢。我家修房的时候,房后那两棵少说也有几十年树龄的酸枣树和山枇杷树全被砍了,作了敞房的梁和檐檩。

茅草房(作者供图)

那时候的农村人家，家境普遍困难，并无多少余钱去购买"树子"（方言，即树木），于是，帮忙的人就会到树木较多的山上去"化"，就是向别家要。我的印象中，常常见到"化树子"的或是两人抬着一根树子，或是一人扛着一根树子，从对门的公路上走过。他们大多是从夫子崖下来的，从来没有见过空手下来的。这种古朴的互助民风深深地根植于乡邻们的心里。

盖房的时候，离不开邻居的帮忙，自家人更有得忙。在盖房之前，先要处理好草，即选好草，梳理整齐打捆。我们小时候就梳过麦草：先将高板凳倒放在地上，固定在树子或柱头上，在凳脚上绑一把铁钉耙，再学着大人模样，解开麦草捆，抓起一把麦草，嵌压入钉耙齿间，来回扯动几次，就有杂草被梳落，再倒转麦草，握住麦草另一头来回梳几次，就梳理干净了。这铁钉耙是家家户户都有的农具，一般有四五根细长齿，平时用来淘洗红苕或者干猪草——先将红苕或干猪草（一般是切碎的干红苕藤）放在一个大筐里，再用钉耙来回翻动——这钉耙的细长齿正是梳草的好工具。

房草在用之前，先用水"发"一下，保持湿润，用起来才不会脆断。如用麦草和谷草，必须是当年收割的，新鲜而且没有发过霉的，即没有"渥"（沾湿且发霉）过的，这样的草金黄，有韧性，才能持久。年月久了，房草会长青苔，只要遇到绵雨天，就会看见青苔冒出绿芽，但只有茅草房和麦草房才会出现这种情况，谷草房是不可能的，谷草易积水，很快就沤烂了。新修的谷草房少则一年，多则两年就会烂掉，所以谷草房一般作偏房用，用来堆杂物或养猪等，不作为住房用。

如今，草房几乎已经没有了，家家户户都住上了瓦房或楼房，也不会再有人上山割茅草了。今年的春节，我们专门到夫子崖去走了一趟，山坡上草木繁茂，住家户寥寥可数，很少有人砍柴了，更不用说割草了。我们没能看见茅草的踪迹，估计被杂草淹没了，往年很远就能看见远山黄中带着暗红的茅草在风中摇曳，如今只见杂草一片……

（二）

现在我们继续摆谈建造房屋的法式或规制。

筑好土墙后，就该搭房架子了。《周易》有云："上古穴居而野处，后世圣人易之以宫室，上栋下宇，以待风雨。"宫、室同义，都是房屋的意思。栋，即房梁，宇，即屋檐，都是房屋的重要组成部分。木料在建造房屋中用途广泛。前、后檐墙上要先嵌入"挑"——筑墙时使整节木料穿过墙体，两端伸出，像挑担子一般。"挑"是支撑屋架的重要构件，至少要有2尺长，伸出墙外1尺许，视墙体的高度和阶沿宽度增减。如果是宽阶沿，则增长，并在宽阶沿上安上柱头，以支撑屋架。柱头有石制的，也有木制的。老房子的木柱头，很有岁月的味道，只是后来大树越来越少，木柱头很难看到了。挑的根数视房屋面积大小而定，一间屋设置2根，2间屋设置3根。然后在"挑"上放整根树子，称作"檩子"，用青篾条固定好，有条件的用铁丝更好。在家乡修建房屋中，竹子是用得较多的，而且冬天的竹子和用竹子做成的篾条不招虫蛀。腊月间的竹子做成的青篾，俗称"腊篾"，可留待来年使用，非常实用（比如拴包谷）且结实，是家家户户必备的，这也许是家乡人选择在冬天建房的原因之一吧。

搭好檩子，再在两面尖墙上用锄头挖出凹槽，视屋子进深的大小横放数量不等的檩子，有条件可以多放，一般是前面放5根，后面多于前面。尖墙最高处的檩子称作"脊檩"，也叫"正梁"，要求树子直而粗壮、材质细密。有的人家对安放正梁很重视，讲究一定的仪式。另外，屋梁也安在墙内，用于稳固房舍和镇楼，除了正房的堂屋不能设置，其他房间都可以安放，数量为3根。中间那根处于脊檩下面，还会在梁上立一短柱或者三脚架，以支撑脊檩。瓦房屋顶非常重，常需设置这类结构。

上梁的仪式，由资深的建房师傅来主持。先翻看皇历，选好黄道吉日，在吉时举行。主人家会准备好酒菜和红包，还要放鞭炮。师傅在正梁上系上红绸条，献上红鸡公，说上一大段吉利话，诸如"祝主人家儿孙满堂，辈辈代代家里出状元、当官发财"一类。主人家听得高兴，本来修新房，就是图喜庆和热闹，加上有不少邻居看热闹，所以红包也就舍得给。

接下来是安椽子。家乡又称椽子为"桷椎儿"，是按一定的间隔竖着放在檩子上的构件，一般每隔尺二左右安一根，如果是瓦房则用木条。能不能用竹子呢？还真是可以。我的舅舅说，要选用硬一点的"硬头黄竹"（即笡竹），常见的慈竹一般不能用，因为慈竹的硬度不够。但是硬头黄竹的产量很低，不能满足盖几间房所需要的量，这种情况下可选用一些四五年以上的慈竹，但需先处理一番，即用稻草搓成的绳子缠绕在竹子上，这样做既能增强硬度又能保证瓦盖上去不会滑落。安装时，要在靠近竹子根部的结节处，砍一小碗口，碗口朝上，倒着安放，将下端搭在脊檩上折破，与后面的椽子交叉绑在一起，再用青篾绑在檩子上。在碗口处，要将两根竹子绑在一起，称作"腊檐椎儿"，碗口就起着固定腊檐椎儿的作用。腊檐椎儿环绕房屋内外各一周，这是接近屋檐口的竹子，和瓦房的屋檐口那条窄木板类似，起到固定房草的作用。布好桷椎儿，就要铺"扎牢"了。所谓"扎牢"就是在桷椎儿上面铺的长条竹片，每片间隔五六寸，自脊檩往下横着铺，一般是青竹片和剥掉青篾后剩下的黄竹片混着用。为什么叫"扎牢"？原因不明。我记得绑"扎牢"所用的是青篾，从上到下绑在桷椎儿上，像麻花状，却不要求绑紧，只要不滑走即可。

家乡的"四角头"房子，只能说形状似四合院，和真正的四合院有很大区别。院内有四根沟筒，安在正房与横房、横房与厅房的交界处，起引流雨水的作用。房子的外边却少有沟筒，除非厅房限于地势，未与横房完全接合，才在空处单独接建一堵短墙，此时再设置一段沟筒。为什么沟筒总是设计在院内呢？这与房子的结构有关，院内房与房之间的交界处是凹进去的，所以必须在凹处引流雨水。

沟筒是一根绑满黄篾条的直木，篾条要有木头那么长。沟筒安在两间房屋交界的空隙处，是倒着安放的，粗的一端在下面，还要在上面绑上一根铁丝，末端弯成钩状，用于钩住沟筒上面的片瓦，以防滑落。也有用木钩的，这在早期的老房子中很常见。沟筒是草房中少有的必须盖瓦的地方之一。

修建横房也是比较讲究的，主要是屋脊如何"生根"的问题。这里首先涉及建房的规制。中国传统的民居讲究正房高于横房，左边的横房高于右边的，即所谓"左青龙，右白虎"，"宁可青龙高万丈，不要白虎高一尺"。这是千百年来形成的传统。横房要和正房连在一起，又不能和正房一样高，这就很考验建房师傅的技术了。我指着自家瓦房问舅舅，过去草房的横房是否和这一样？他说，不是的。这是在正房尖墙上直接接的"偏偏儿房"，草房比这好看，也更复杂。有横房的草房是看不见尖墙墙面的，具体做法是在正房梁伸出来的部分向后斜接一根"捧桷"（类似"捧起来的一根木料"），在"捧桷"的中点搭一根梁柱，作为横房的屋脊……

 **思考与讨论**

1. 中国传统民居建筑除了具有居住功能，还被赋予了什么内涵？
2. 结合传统民居的诸多功能，谈谈你对新农村建设、城镇化建设的理解。

 **思政小课堂**

1. 道法自然。中国建筑坚守"人与自然和谐统一"的先进理念，选址、布局、用料、装饰等都渗透自然、秩序、仁爱、和谐、环保、可持续发展等文化精神。

2. 智慧与审美相结合。中国建筑以木结构为中心，屋顶的曲线、梁柱的比例、色彩的辉映等无不体现了中国传统美学独到的审美观念，在世界建筑学上别具一格。

3. 安居才能乐业。家是最小国，国是千万家。目前我国正在大力推进新农村建设、城镇化建设，彻底改善城乡居住环境，不断满足人们对宜居生活的追求，充分体现了中国共产党的奋斗目标就是满足人民对美好生活的向往。

4. 劳动创造美好生活。

第二章

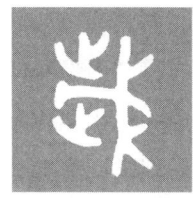

岁时节日民俗

岁时节日主要指与天时、物候的周期性转换相适应,在人们的社会生活中约定俗成的、具有某种风俗活动内容的特定时日。不同的节日,有不同的民俗活动,且以年为周期,循环往复,周而复始。

节日的形成和发展,经历了十分漫长的历史。我国传统的岁时节日,主要是农业文明的伴生物。丰富多彩的节日文化,不仅记载着我们祖先对自然规律的认识和把握,也显示了不同历史阶段的社会、经济、科技发展水平,同时也反映了我国民众那种张弛有度、应时而作的自然生活规律。

研究节俗形成、发展和演变的规律,对于正确认识节日文化现象,积极引导节俗活动的健康发展,有着十分现实而重要的意义。

第一节 岁时节日的由来和形成

一、岁时节日的由来

《玉篇·竹部》中记载:"节,竹约也,竹木不通。"《说文解字·竹部》中则说:"节,竹约也。约,缠束也。竹节如缠束之状。"节,本义为竹节,又泛指草木枝干间坚实结节的部分。植物之有"节"这一结构特征,影响到中国人对时间的认识。中国人把时间分成两部分,一部分是平常时间,一部分是非常时间。非常时间是一年四季中最"坚硬"的时间，即最难度过的时间，也是最容易"出事"的时间。这些容易"出事"的时间点就是所谓的"节"，后逐渐成为一年四季中部分关键岁时节日的雏形。节有两项必不可少的要素：一是相对固定的节期，二是节期中有特定的民俗活动。这种民俗活动代代相传，不断发展、丰富。节期的选择、节俗活动的形成与发展，显示出了自然规律对人类生活的制约和人对自然的适应与把握。从这两个角度，我们可以探讨一下岁时节日的由来。

（一）节期的最初选择

回顾我国的岁时节日，不难发现节期的选择与确立都与天文历法密切相关。

与世界其他较早从事农业生产的地区（如古埃及的尼罗河流域）一样，中国天文历法萌生较早，甚至要早于农业的发明。东亚大陆尤其是华北平原，四季变化分明，自然规律清晰，有利于天文观念的产生，初民在狩猎、采集和迁徙的过程中，逐渐熟悉太阳东升西落、月亮阴晴圆缺、气候寒暑更替等自然现象，积累起最初的天文历法知识。这一时期的众多神话人物都曾与星象发生联系，如伏羲氏"仰则观象于天，俯则观法于地"（《周易》），"容成作历，羲和作占日，尚仪作占月，后益作占岁"（《吕氏春秋》）等种种传说，正是初民探索天文历法知识的写照。

中国是世界上最早进入农耕社会的国家之一。在仰韶文化时期，原始农业就已经出现。农业生产要求掌握准确的农事节气，而在上古时代，人们没有完善的历法与计时工具，只能依靠对天象（日月星辰的变化）、气象（气候的变化）和物象（动植物随季节而起的变化）的观察来决定农时、指导生产、安排生活，即所谓"观象授时"，所以，我国古代天文知识在很早的时候就比较发达了。正如明末清初顾炎武所说："三代以上，人人皆知天文。'七月流火'，农夫之辞也。'三星在天'，妇人之语也。'月离于毕'，戍卒之作也。'龙尾伏晨'，儿童之谣也。后世文人学士，有问之而茫然不知者矣。"（《日知录》）

在对天象的观测中，最早引起人们关注的是与人的生产、生活关系最密切的"七曜""二十八星宿"。"七曜"指的是日、月与金、木、水、火、土五大行星。二十八星宿，则是位于黄道、赤道附近，由恒星组成的二十八个星区。

人们用它做参考,观测日月及五星运行的轨迹。

在现存最早的古文献殷墟甲骨文卜辞和商代金文中,出现了许多对二十八星宿中部分星宿及日食和月食的记载。《诗经》《夏小正》《春秋》《左传》《国语》等先秦典籍中,都有许多关于星宿的叙述和丰富的天象记录。《尚书·尧典》记载:日中星鸟,以殷仲春;日永星火,以正仲夏;宵中星虚,以殷仲秋;日短星昴,以正仲冬。意思是说,在昼夜长短平分的这一天(春分日),鸟星黄昏的时候正处在南中天,可以此来确定时令正当仲春;在白昼最长的一天,也就是我们今天说的夏至日,大火星黄昏时正好处于南中天,可以此来确立时令正值仲夏;在昼夜长短平分的这一天(秋分日),虚宿黄昏时正位于南中天,可以此来确定时令正当仲秋;在白昼最短的一天(冬至日),昴宿黄昏时正处于南中天,可以此来确定时令正当仲冬。《尚书·尧典》大约成书于战国时期,但是其中所记录的天象,据研究是三代以前的情况,由此说明,在上古时代,我们的祖先已经懂得利用二十八星宿中的某些星座来确定时令了。

1978年,在湖北随县出土的战国初年的曾侯乙墓内的漆棺上,绘有完整的二十八星宿图。这表明,最迟在公元前5世纪,二十八星宿体系就已经形成了。

对天象的观测和记录,使人们对天象周期性变化的规律有了认识。

日月运行的规律,催生了人们对时间的量度:日出日落,是为一天;月圆月缺,是为一月;日远日近,寒来暑往,谷物由播种到成熟,是为一年。经过长期的观察,人们发现年、月、日三者之间呈现出一种大致稳定的统属关系,但年、月的时长都不是日的整数倍。随着观测技术的进步、测量精度的提高,人们终于发现了十二朔望月共约354天,比一个太阳年少约11天,积三年就要差一个月以上的时间。于是,殷商时期已经开始置闰。起初是三年一闰,但是时间不够,又改成了五年两闰,结果发现五年两闰又多了一些,后来直接规定十九年共闰七个月,使历年平均长度大约等于一个回归年,并和天象及自然大致协调同步,这便是最早的历法。以朔望月为单位的是阴历,以太阳年为单位的是阳历。我国古代的历法,是同时兼顾朔望月与太阳年的阴阳历,即平年十二个月,闰年十三个月。由此,年、月、日等计时单位便能确定了。进而,昏、旦、朔、望、晦、日南至、日北至、日夜分、岁首、年末等时日,也能准确地排定,并以它们各自在岁月坐标上所处的特定位置而受到人们的特殊关

注：正月为岁首，正月朔、旦，为新年之始，是为元旦；十二月晦，年近岁除，为除夕。于是，年节习俗的除旧布新之意有了寄托。有了"望日"，而后才可能有正月十五、七月十五、八月十五、十月十五等节期的确立。

发明历法以后，人们继续以天象、物候来检验历法的准确性，不断地充实和完善它。为了更加精确地反映四季、气温、降雨、物候等方面的变化，以指导农业生产，古人把黄道附近的一周天分为二十四等分。根据太阳在黄道上这二十四个不同的视位置，定出二十四节气：立春、雨水、惊蛰、春分、清明、谷雨、立夏、小满、芒种、夏至、小暑、大暑、立秋、处暑、白露、秋分、寒露、霜降、立冬、小雪、大雪、冬至、小寒、大寒。二十四节气中，最先测定的就是二分和二至。《尚书·尧典》中所记载的"日中、日永、宵中、日短"，就是春分、夏至、秋分和冬至四个节气。战国末年，《吕氏春秋》中又记载了立春、日夜分（即春分）、立夏、日长至（即夏至）、立秋、日夜分（即秋分）、立冬、日短至（即冬至）八个节气。自此，四时八节的日期已能推定。二十四节气是我国古代历法的重要组成部分，它客观上反映了四季中天象、物候的变化，成了我国古代农业社会安排生产活动的主要依据。节气虽然并不是"节日"，但是节气使一批"常日"被特别地突出出来，为节日的形成准备了条件。如立春、清明、夏至、冬至与后来形成的有关节日关系至为密切，特别是"清明"，后来从节气演变成为很重要的传统节日"清明节"。

（二）节俗活动产生的内在动力

岁时节日是农业文明的伴生物。在考察各种节俗活动的成因时，不能忽视这个观点。

传统的节俗活动可以说是包罗万象、难以尽述的。虽然其在发展的过程中融入了众多新的内涵，然而，深究各种节俗活动产生的根源，却不难发现它们都存在一个简单而又永恒的动因，即人们祈求五谷丰登、人畜兴旺、岁岁平安。无论是年节燃放鞭炮和驱傩，还是社祀的春祈秋报，无不表现出人们对人寿年丰、如意吉祥的不倦追求。从某种意义上来说，节日风俗的产生，与人类早期的原始信仰观念直接相关。

一是自然崇拜。早期的人类，总是不能把自己和大自然分离开来，并且因为无法理解自然而把所有的自然力量都当作一种超凡的神力加以崇拜。

二是对日月星辰的崇拜。对日月星辰的崇拜起源很早。太阳是人类赖以生存、繁衍的生命之源,在原始社会早期,由于受万物有灵的原始思维观念的支配,日神崇拜成为人类早期宗教信仰的核心内容。殷商时期,殷人对日神有朝夕迎送的礼拜仪式;进入周朝后,直接改为定期祭祀。可见,对日月星辰的崇拜,周朝沿袭了殷商的传统。《礼记·月令》记载:"天子春朝日,秋夕月,朝日以朝,夕月以夕。"有时候还把日月星三光合在一处祭祀,如《周礼·大宗伯》记载"以实柴祀日、月、星辰",《尔雅·释天》中说"祭星曰布",《史记·匈奴列传》称"单于朝出营,拜日之始生,夕拜月"。在原始彩陶上有太阳神和太阳的图案,在各种古代典籍中有人们崇拜太阳神的记载。这种原始的祭拜活动,与后来中秋赏月、七夕拜星习俗可以说是大有干系的。

三是对土地及土地神的崇拜。这在史前时代就已经存在。《尚书·太甲上》:"先王……以承上下神祇,社稷宗庙,罔不祇肃。"《孟子·尽心下》记载:"民为贵,社稷次之,君为轻。"社指的是"土神",稷指的则是"谷神"。可见,在《尚书》的记载之前,祭祀社稷之神就已经存在于先民的生活之中。殷商时期,先民们更是不忘将先祖请回家与家人团聚。节日中的祭祖习俗,使血亲家族内部产生了一种强大的凝聚力,成为中国人一种根深蒂固的传统观念。

除了善灵和祖灵之外,古人认为那些死于非命或者夭折的非正常死亡者会变成恶鬼或邪祟,加害于人。《搜神记》卷十六卷记载:"昔颛顼氏有三子,死而为疫鬼:一居江水为疟鬼;一居若水为魍魉鬼;一居人宫室,善惊人小儿,为小鬼。"为了使厉鬼不害人,古人想出了种种办法,或敬而远之,或退而避之,或驱而赶之。七月十五于旷野水边燃放河灯、焚香化纸、设馔施粥,为的就是追荐各路孤魂野鬼,使其有所归而不为厉。上巳日河边洗浴,端午插艾挂蒲、饮雄黄酒、戴长命缕,重九登高等习俗,均有辟邪消灾之意。至于年节时期燃放鞭炮、击鼓驱傩、去岁送穷、更换桃符等民俗,则是针对鬼魅的一种强烈对抗,显示出人的护生态度。

四是各种节日习俗还与古人的迷信、禁忌、巫术观念密切相关。古人相信征兆,认为吉凶祸福必有前兆。日、月、星、风、雨、云、雪、雷等诸般自然现象均被古人当成征兆物。古人根据各种兆象,预测未来的事物,于是产生了占卜。《左传·僖公三十二年》记载:"冬,晋文公卒。庚辰,将殡于曲沃,出绛，枢有声如牛。卜偃使大夫拜，曰：'君命大事。将有西师过轶我，击之，必大捷焉。'"此外，据《尚书》《周易》《史记》等古籍的记载，早在伏羲、黄帝的传说时代，就已经有了占卜。后世传统岁时节日，如除夕夜、立春、二月二土地公生日、花朝节、夏至、七夕、中秋、重阳、冬至等，都有看风云、占天候、预卜年岁丰歉的活动。此类岁时习俗，正是源于这种前兆俗信。

为了消灾远祸，防患于未然，古人还有很浓厚的禁忌与巫术观念，当这些观念也施加影响于节日中，便形成了诸多节日禁忌。例如，大年初一不杀鸡，寒食节一定要禁火，清明节忌不戴柳，二月二龙抬头忌动针线，四月初八忌屠宰，五月忌曝床荐席、忌盖屋修灶，冬至腊八忌住娘家，年节期间忌打碎器物、忌倒垃圾、忌烛火熄灭、忌说话不吉利等等。为了保平安，人们就在生活各处设防，与此同时，还伴以各种禳灾、祛邪、驱傩、厌胜等手段，希望达到求吉免祸的目的。所以，古人的迷信、禁忌和巫术既是传统节俗产生的土壤，也是传统节日内容的组成部分。

由此可见，岁时风俗源自上古，抑或是源自农业文明之前。如果说原始信仰是节日风俗产生的土壤和温床的话，那么祈望人寿年丰则是岁时节日的人生寄托，是节日习俗形成的原发性动因。

二、岁时节日的形成

岁时节日的形成和岁时节俗活动密不可分，却是一个能动的文化因子，其内容处在不断变化之中。大体来说，中国传统节日大抵经历了四个发展时期。

（一）滥觞期

夏商之际，巫觋之道盛行，祝史、占卜、舞雩、祭祀等活动非常频繁，在很大程度上保留了原始信仰习惯，习俗活动也不一定安排在特定的日期。到了周代，习俗信仰渗入了"礼"的因素，祭祀、庆祝活动逐渐按照季节相对集中。春秋战国以后，历法逐步完善，历法中的一些特殊日期，如二十四节气、年头岁末、月朔月望等时日逐渐凸显出来。节俗活动的主要内容多集中在这些时日举行，节日的雏形初现端倪。

（二）定型期

秦汉时期，由于政治统一、经济繁荣，统治者要求文化定于一尊，我国的主要节日也在这个时期定型。除夕、元旦、元宵、寒食、清明、端午、七夕、重阳等成为固定节日，主要节俗活动也基本形成，此后一直延续两千多年，直至今日。在这一时期，某些节日的性质发生了变化：一方面，对一些历史人物如屈原、介子推的纪念，取代了原始的鬼神信仰，使得端午节与寒食节变为纪念性节日；另一方面，佛道二教的影响日益扩大，一些宗教节日渗透到了传统节日之中。宗教利用世俗活动来影响信众，信众通过世俗活动来寄托希望，两者之间通过各种各样的活动进行交流，这样一些宗教节日习俗也渗透到了岁时节日之中，如道教的三元节。道教以三个望日为"三元"，正月十五为上元，七月十五为中元，十月十五为下元，上元天官赐福，中元地官赦罪，下元水官解厄。中元节将一年分为前后两个部分，是下半年第一个望日，道观在这一天诵经作法，普度孤魂野鬼，而祭祀先人只是一般性活动。佛教传入中土之后，中元节附会上了佛教故事。据传，大目犍连的母亲因生前罪孽，死后堕入饿鬼道中，食物入口，立即化为焦火，不能进食。大目犍连为救母亲，祈于佛前，佛祖给他讲《盂兰盆经》，并且教他七月十五做盂兰盆会，以超度其母。所以佛门寺僧七月十五都要做盂兰盆会，救度饿鬼。民间则兼采佛道，除作盂兰盆会遍施众鬼外，还大放焰口，为堕入饿鬼道的恶鬼赎罪超生。同时，还在江河湖海放河灯、焚法船，拯孤照冥，普度落水鬼和其他孤魂野鬼。两汉时期，宫廷和政府也介入一些节日活动中，进一步扩大了节日的影响。

（三）融合期

魏晋南北朝时期至隋唐时期是我国传统节日发展的融合期。一方面，汉代节日的基本内容得以继承；另一方面，民族的迁徙与融合，为中华文化带来了新鲜血液，少数民族节日风俗也随之融入汉民族传统节日，促进了传统节日文化的融合发展。由于人口迁移的规模大、频率高，流动人口迁徙到新地方后，往往就带去了自己的节日文化习俗，这对当地民俗产生了重要影响。例如，春节原本是汉民族的节日，但是如今很多民族都过春节，只是各民族的春节又有自己的特色内容；端午节本为南方楚越民族的节日，后来为多个地区、多个民族所接受，除插艾叶、饮雄黄酒、吃粽子为共同习俗外，各地又各有特色——南方盛行龙舟比赛，北方多是戴香包、送香药。魏晋南北朝时期的岁时节日表现出继承性与融合性，同时又呈现成熟期的特点。这主要体现为两部专门记载岁时节日与风土民俗的著作问世：一部为晋人周处写的《风土记》，它是我国最早从民俗的角度去记载岁时节日和生活习俗的典籍；另一部则是南朝梁人宗懔编纂的《荆楚岁时记》，专门记述岁令节俗，从中可以看出魏晋时期节令文化的完备和成熟。

（四）丰满期

到了宋代，传统节日进入了一个新时期，其主要特点是民俗进一步剥离了宗教迷信的意味，节俗的礼仪性、娱乐性成为节日文化的主流。例如：春节的爆竹本是为了驱鬼除祟，此时变成了喜庆的象征；大傩原本是打鬼的巫术，宋以后演变成为民间小戏；中秋节的祭月开始变成赏月活动；元宵节的祭神灯演变为灯火艺术。在各种节日活动中，文化娱乐节目不断增加，如猜灯谜、闹春会、放风筝、拔河、折柳、斗草、赏月、赏菊等，节日内容日益丰富，节日的喜庆气氛成为节日的基调，传统节日因此发展到了一个高峰。这种节日文化的高度发展与中国古代社会的高度发展、城市生活的繁荣、农村文化的普及是分不开的。

第二节 岁时节日的发展

岁时节日的发展，经历了一个十分漫长的历史过程。

先秦时期是我国岁时节日的萌发时期。原始农业出现以后，相应的禁忌、占候、祭祀、庆祝活动相伴而生，这是中国最早的节日风俗因素，但是它们还没有成为节日风俗，因为在常日，上述活动照样会发生。夏商时期，人们信卜、宗天、崇祖、畏鬼。《礼记·表记》谓："夏道尊命，事鬼敬神而远之。近人而忠焉……殷人尊神，率民以事神，先鬼而后礼……"商人信仰的神有三类——上帝神、祖先神和自然神，又以上帝神为主。商人还保留着原始宗教和自然崇拜，遍祀山川四方，风神雷电；商人又迷信人死后精灵长存，称之为鬼，并加以祭拜，此所谓"殷人尚鬼"。又《左传·成公十三年》记载："国之大事，在祀与戎，祀有执膰，戎有受脤，神之大节也。"一年三百六十余日，几乎是无事不卜；敬天祭祖交替进行，周而复始；平时饮食起居多有禁忌，简直到了无处不崇、动辄得咎的程度。这些习俗基本上保持了巫术或原始信仰的习惯。它见于日常生活的各流程之中，具有广泛性。周人把民间习俗上升到了"礼"的规范，祭祀、庆祝活动逐渐按照季节相对集中到春、夏、秋、冬或年头岁尾举行。《礼记·月令》载"孟春之月……天子乃以元日祈谷于上帝"，并行亲耕大礼；孟秋之月，新谷登场，"天子尝新，先荐寝庙"；孟冬之月，天子还必须亲自备办祭品蒸祭先祖，以祈求来年寿昌年丰。春秋战国以后，历法逐渐完善，四时八节、岁元、朔望等时日，越来越从常日中凸显出来。作为节俗主要内容的各种祭典、庆贺、占卜活动，多集中在这些时日举行，节日的雏形已经显出端倪。不过，春秋战国时代，诸侯割据，国家长期都处于分裂状态，加上夏、商、周三朝的历法不统一，每次改朝换代时，都要改定历法，重定正朔，重立岁首，节期既难以固定，地域性的差异也无法进行统一，所以，此时的节日虽初具雏形，但尚未定型。

汉代，是我国节日风俗的定型期。秦朝时期，秦始皇认为"关中之固，金城千里，子孙帝王万世之业也"（《过秦论》），结果却是二世而亡。汉初经过短暂的调整，中间又经历了文景之治，到了汉武帝的时候，已经建立起了一个政治统一、社会安定、经济繁荣的中央集权大帝国，为节日的统一和定型提供了有利的社会环境。汉武帝太初元年（公元前104），在全国恢复实行夏历，并将二十四节气编入历法。根据史籍的记载：除夕、元旦、元宵、上巳、寒食、清明、端午、七夕、重阳以及春秋社日、冬季腊日等传统节日，大多在汉代制定，此后一直延续了两千多年以至今日。

节日风俗的发展和演变，是历史文化积淀的过程，社会、经济、科技、文化等诸多因素都在起作用。

一、神话传说的嵌入

节俗的渊源，可追溯至上古的巫术和原始信仰崇拜。随着人们对自然的探索不断加深，人们对自然的认识也不断发展，巫术和原始信仰的影响逐渐被削弱。节俗必须得到一个新的定义或者解释，才有可能在新的条件下继续存在和发展。汉代是一个历史传说传播相当活跃的时代，各种上古神话传说广泛流传，给节俗的重新诠释带来了新的机遇。以七夕节为例：

七夕节形成于汉代。此前，牛郎和织女只是上古人们崇拜的两颗星星，《诗经·小雅·大东》记载"跂彼织女，终日七襄。虽则七襄，不成报章。睆彼牵牛，不以服箱。东有启明，西有长庚"，在时人眼中，织女、牵牛二星并无直接的关系。到了汉代，牛郎、织女之间才开始有了爱恨纠葛的传说，如《古诗十九首》就有"迢迢牵牛星，皎皎河汉女。纤纤擢素手，札札弄机杼"的句子，民间也有了七夕之夜外出看牛郎、织女鹊桥相会的活动；宫廷于此夜还行"穿七孔针"之事，如晋朝葛洪的《西京杂记》载"汉彩女常以七月七日穿七孔针于开襟楼，俱以习之"。此外，据传汉武帝生于乙酉年（公元前156）七月七日，因此又产生了汉武帝"七夕会王母"的神话故事；汉武帝是一个相信神仙方术的帝王，又有这些神话传说的渲染，"七夕"在汉代自然就成了一个非常重要的节日。到了魏晋南北朝时期，七夕牛郎、织女相会的故事情节日趋完善，民间节俗中又添加了以瓜果祭祀牛郎织女及穿针乞巧的内容。唐宋以后，牛郎织女的传说又添加了喜鹊因为架桥而被踏秃了头的情节。民间七夕还出现了乞巧市、乞巧楼、乞巧棚、种巧芽、穿针乞巧等习俗，热闹非凡。可见，神话传说对节日习俗的发展有很大的影响。

中秋节的发展演变也与神话因素的渗透有很大的关系。中秋节或是发端于上古天象崇拜——秋夕祭月敬月的习俗。祭月习俗历史悠久，是古人对"月神"的一种祭拜活动。《山海经·大荒西经》上载"有女子方浴月，帝俊妻常羲，生月十有二，此始浴之"，帝俊妻、月之母常羲"浴月"，可见中秋节中含有强烈的神话色彩。关于"中秋"一词，现存文字记载最早见于汉代文献，先秦时期就有"中秋夜迎寒""秋分夕月"的活动，在汉代时，则有在中秋或立秋之日敬老，赐以雄粗饼的活动。东汉高诱注释淮南王刘安编写的《淮南子·览冥训》时就将中秋节和"恒娥奔月"的故事联系了起来：

> 恒娥，羿妻。羿请药于西王母，未及服，恒娥盗食之，得仙，奔入月中。

其中写了恒娥（又作"姮娥"，即后来人们常说的嫦娥）窃不死药成仙奔月的神话。

到了唐代，又进一步演绎出了西河人吴刚伐桂树、桂子飘落人间的故事。唐人段成式著《酉阳杂俎》载："旧言月中有桂，有蟾蜍。故异书言：月桂高五百丈，下有一人，常斫之……人姓吴，名刚，西河人。"后来又有玉兔捣药、杨贵妃变月神、唐明皇游月宫等神话传说，情节不断丰富。嫦娥奔月的神话，给古老的拜月习俗注入了新的活力，使之充满了浪漫主义色彩，玩月之风方才大兴，终于在唐代形成了以拜月赏月为主要内容的中秋节。时至今日，中秋佳节阖家团圆赏月、吃月饼依旧是中华民族都很看重的节日习俗。

二、上层统治者的参与和提倡

就一般情况而言，节日风俗多由民间约定俗成。但是在特殊的情况下，统治者的参与和提倡，对节俗的发展和演变可以起到直接的促进和推动作用。元宵节的形成和发展，就很能说明问题。

如前所述，汉武帝迷信神仙方术。据《资治通鉴》记载：武帝元封二年，冬十月，武帝巡幸至雍，祭祀于五畤；回长安后，祭祀泰一神，并叩拜德星。汉武帝按照方士建议，修了"泰一"坛祭祀"泰一"。后因为久病不愈，请巫师召"泰一"与之"对话"。当汉武帝听说自己病情不要紧，不久后还能与"泰一"相会于甘泉宫时，顿觉精神好转。恢复健康后，便命人在甘泉宫修建"泰一"祀坛。又《史记·乐书》记载道："汉家祀太（泰）一，以昏时祠到明，今人正月望日夜游观灯是其遗事。"因此，汉代在正月十五盛张灯火，通宵达旦祭祀（泰）一，从此形成了正月十五张灯结彩的习俗。到了隋代，隋炀帝为了追求享乐，每逢正月十五都要在皇城端门外设下数里戏场，调集数万人，盛装华服，通宵歌舞。元宵行乐的节俗观念，自此越发普及并得到隆重的实践。唐玄宗时期，每至上元夜即大陈灯彩——百枝灯树，千炬红烛，夜如明昼，一城尽欢。从京师长安、东都洛阳到全国各乡，莫不如是。唐代大诗人白居易在诗歌《正月十五日月夜》中称："灯火家家市，笙歌处处楼。"夸财斗富、铺张挥霍之风在宋代到达了极盛。宋代，皇帝观灯已经成为一种礼俗。放灯时间一再延长，灯笼制作竞巧斗奇。据传，宋徽宗放"鳌山灯"长达四十八天,花灯、烟火、灯谜、杂技,各种各样的娱乐活动名目繁多。到了明清两代,从春节到元宵节,舞龙、舞狮、踩高跷、跑旱船、扭秧歌、打腰鼓、闹社火,举国同庆。至今,元宵节仍然是我国最盛大的节日之一。

三、民众历史情感在节日风俗中的积淀

历史人物的传说,常常是广大民众历史观的一种艺术表现形式,因为某种契机而融合到了节日之中,作为节日的一种溯源性解释,并影响着节日活动、节俗观念的流变。

例如端午节节俗起源问题,历来诸说并存:有"恶日"说、"龙图腾祭"说、"源于夏至"说、纪念历史人物说等等。可以想见,它的最终成形,是各地风俗相互融合的结果,带有不同的地区特色。大致说来,北方起自五月是恶月,端午为驱邪避恶之日;南方起自越民族的龙图腾祭祀和龙舟竞渡。在先秦人的精神世界里,五月与恶、毒、死紧密相关,这种观念极早便深刻于先民心中,因此产生了许多禁忌和辟邪措施。《礼记·月令》就规定,人们一定要在五月禁欲斋戒。以古人的经验而言,五月恰是蛇、蝎、蜂、蜮、蜈蚣五毒(一说"五毒"为蛇、蝎、蜈蚣、壁虎、蟾蜍)和蚊、蝇等毒虫的肆虐季,彼时医疗条件有限,先民一旦因此受伤、感染,就有生命危险。加上五月天气转热,常有流行性传染病流行,饮食不小心,很容易得病,但此时亦是药草效力最强之时,故最宜"蓄采众药以蠲除毒气"的五月初五凸显在先民视野中。采药、用药,沐浴兰汤因此成为五月初五的习俗,目的正在禳病驱邪。进入汉朝以后,阴阳学说盛行,五月作为一年中日照时间最长的夏至所在的月份,被赋予新的含义。所谓"阴阳争,死生分",从夏至这天开始,天地间阴阳发生转换,此后阴盛阳衰,对古人来说,这个时间点同"端午"一样重要。因为时间相近,有学者考证,两大节日习俗在魏晋南北朝时期实现合流,本为夏至节庆食物的粽子(古称"角黍")融入端午习俗中。早在人们食粽祭屈原之前,古人就在夏至、端午一边吃着粽子,一边缅怀祖先和祈祷神灵护佑。追本穷源,端午节的初始之意,当是驱瘟除邪、止恶气,直到汉代依旧如此。到了汉末魏晋之时,才增加了纪念历史人物的内涵:

(1) 纪念介子推(晋国故地,今山西一带);

（2）纪念伍子胥（吴越地区，今江浙一带）；

（3）纪念曹娥（古会稽地区，今江苏一带）；

（4）纪念越王勾践（吴越地区）；

（5）纪念屈原自沉汨罗（楚国故地，今湖北、湖南一带）。

其中，纪念屈原的观点被接受程度最高。由于屈原的爱国精神和高尚人品为人们所共仰，所以这一传说很快就取代了其他传说，产生了广泛而深远的影响。这样，一些先于屈原就已经存在的节日习俗，也被传说重新加以解释，与纪念屈原发生了关联。如龙舟竞渡，其在屈原投江之前就已经存在，《荆楚岁时记》记载，"邯郸淳《曹娥碑》云：'五月五日，时迎伍君，逆涛而上，为水所淹。'斯又东吴之俗，事在子胥，不关屈平也。"足见在当时的吴地，伍子胥的号召力比屈原还强，至今苏州人仍在端午节纪念伍子胥。曹娥之父正是因为驾船迎接"潮神"伍子胥才被水所淹。《越绝书》上则说勾践在五月五日这天操练水军，为了迷惑吴国，对外声称"竞渡"，复国后，越人便在五月五日作龙舟竞渡以示盛念。屈原投江后，才有了百姓纷纷划船打捞其遗体，或以鼓声惊走吃遗体的鱼，进而发展为赛龙舟的说法。粽子亦本是古代的祭祀食品，起初并没有什么特别的说法，后来才流传出向水中投粽子是为了赶开蛟龙，让三间大夫屈原安心用餐。诸如此类的解释为端午节注入了新的习俗。随着时间推移，纪念屈原逐渐成为端午节俗中最重要的内容和端午节俗的唯一起源，这当然与屈原的形象、经历、文采、人品、爱国情怀以及被后世推崇、不断被神化有关。反过来说，屈原传说的加入，又进一步丰富和升华了端午节的文化意义。人们并不追究这些说法的可信度，而只是借用节日风俗活动，寄托自己对伟大爱国主义诗人的崇敬之情。要而言之，节日风俗正因为有这种历史因素的注入，才获得了更加强大的生命力而流传至今。

四、宗教节日的渗透

在我国，佛道二教对传统文化产生的影响十分深远，对世俗生活的影响也是至深至广的。圣俗之界限并没有严格的区分，宗教活动的世俗化倾向比较明显。宗教常利用民俗扩大自己的影响，民间俗众也往往把世俗人情寄托于宗教信仰，通过节日活动，实现圣俗之间的交往。这样，一些本来只是宗教徒才能过的宗教节日，也被插进了传统节日序列，成为圣俗共度的节日。

例如，农历四月初八为"佛诞日"，相传这一天为佛祖释迦牟尼的出生日期，本来是佛教的节日。浴佛之举脱胎于佛祖诞生之际洗浴的故事情节，至晚在东汉就已经存在。到六朝，浴佛活动遍及朝野内外。佛门宣讲佛法，香汤浴佛；民间最有代表性的活动就是舍缘豆，普结良缘，买乌龟或者乌鱼放生，行善积德以图福报。俗谓"是日救生一命，能较平日作十万功德"。直至近代，这种寄情佛事、结缘放生的习俗仍然存在。

七月十五的"中元节"与佛、道两家都有关系。道教谓七月十五为地官赦罪之辰，佛门以此为"僧自恣日"，两家各有仪轨，民间俗众则兼采佛道，前已述及。随着历史的发展，中元节放灯习俗中的信仰成分逐渐淡薄，在今天已经逐渐成为节日中一种娱乐活动了。

五、各民族节日风俗的融合

各民族节日风俗的融合在我国风俗发展历史上也是一个很重要的流向。中国历史上，出现过多次大规模的民族融合。最有影响力的几次是：春秋战国时期，各族交往与混融；魏晋南北朝时期，南北民族杂居；元朝时期，北方游牧民族入主中原；17世纪中叶，满族人入关建立了清政权，战争带来了民族的大迁徙。多民族杂居，南北统一，使不同民族节日风俗得以不断接触并且发生融合。汉民族一些重要的传统节日，譬如春节、元宵、清明、端午、中秋等在古代各民族中都是普遍流行的；而各少数民族的一些体育竞技游艺，如山戎的荡秋千，契丹、女真族的射柳习俗，也不断渗透进汉族传统民俗之中，成为各族人民共同的文化财富。

节日风俗就像是一条奔腾不息的长河，伴随着岁月行进，在不断变化中又有所承续，在承续中又不停发展。

第三节 岁时节日的活动及特点

岁时节日即中国的"传统节日"。它们历史悠久、流传面广，具有普及性、群众性甚或全民性的特点。

岁时节日的形成及发展，受诸多因素的影响。有些节俗产生的渊源可能是单一性的，然而后世的发展及现实存在形态却又是综合性的。所以说，很难按照单一的性质将它们做一个归类。譬如，有人将清明节归为农事节日——因为它本为二十四节气之一；也有人认为其是具有祭祀性质的节日——因为扫墓、祭祖是其主要的内容；还有人因为清明节有踏青郊游的传统，而将其划为游乐性质的节日。其他如上巳节、端午节、重阳节等皆有类似情况。至于年节，则更是集祈年、祭祖、庆贺、娱乐为一体的盛典，因而就更加不好进行类别的划分了。

有鉴于此，我们依据节日的现实存在状态，选择影响较大的，至今仍在广泛流传的主要节日，按照时序分述如下。

一、主要传统节日的活动内容

（一）春节

春节俗称"年节"，是中华民族最隆重的传统佳节。年节古称"元旦"。元旦一词最早出自南朝梁诗人萧子云《介雅》诗："四气新元旦，万寿初今朝。"宋朝人吴自牧《梦粱录》卷一"正月"一条说："正月朔日，谓之元旦，俗呼为新年。一岁节序，此为之首。"元旦在古时候又有不同的称呼，汉代称"元正"，晋代称"元辰"，北齐称"元春"，唐代称"元朔"。我国历史上，元旦的日期不尽统一，因为历代的历法常会发生变化，导致一年的岁首也相应发生变化。例如：夏代"岁首"在正月初一，商代"岁首"在十二月初一，周代"岁首"在十一月初一，秦始皇统一中国后，又以十月初一为元旦。汉武帝恢复夏历，以正月初一为"岁首"，年节的日期才固定下来，并延续至今。1911年辛亥革命以后，开始采用公历（阳历）纪年，遂称公历1月1日为"元旦"，称农历的正月初一为"春节"。

年节是除旧布新的日子。年节虽然定在农历的正月初一，但是其活动开始的日子要比正月初一这一天早很多。以四川等地为例，从腊月二十三日（或者腊月二十四日）的小年开始，春节庆祝活动便拉开序幕了，主要习俗有两个——扫年和祭灶。所谓扫年,又称扫尘,这一天家家户户黎明起床,扫房擦窗,刷锅洗瓢,清洗衣物,大搞家庭卫生。《梁书·武帝纪上》:"取新垒其如拾芥,扑朱爵其犹扫尘。"鲁迅在《祝福》中写道:"到年底,扫尘,洗地,杀鸡,宰鹅,彻夜的煮福礼,全是一人担当,竟没有添短工。"据《拾遗记》记载,扫尘的习俗可以追溯到唐尧时期,是先民祈求祥瑞降临、护佑平安的宗教仪式。因此,在腊月二十三或者二十四日的时候,人们便开始要"忙年":扫房屋、刷墙壁、剪窗花、贴春联、置办年货、添置新衣、洗头沐浴、准备年节器具等等。

祭灶,是送灶神升天的祭礼活动,因此小年又称为祭灶节。民间祭灶源于古人拜火的习俗。灶神的职责就是执掌灶火,察人间善恶,以断祸福。郑玄注《礼记·祭法》说"(灶神)居人间,司察小过,作谴告者也",表明在汉朝祭灶习俗已经在我国中原地区流传开来,祭灶在我国民俗中历史悠久。旧时,几乎家家户户的灶间都设有灶王爷的神位,其负责管理各家的灶火,因作为一家的保护神而受到崇拜,人们称这尊神为"灶君司命"。灶神信仰是民间最富代表性、最有广泛群众基础的流行信仰,所以祭灶就成了小年这一天的重要活动,除了供奉糖瓜、糕点,还要更换灶神神像,张贴一副"上天言好事,下界保平安"的对联。祭灶寄托了中国劳动人民辟邪除害、迎祥纳福的美好愿望。

迎灶神

年节也是祭祝祈年的日子。古人谓谷子一熟为一"年",东汉许慎在《说文·禾部》中说道:"年,谷熟也。"《春秋·桓公三年》记载:"有年。"《春秋穀梁传》作注说道："五谷皆熟，为有年也。"五谷丰收，则为"大有年"。西周初年，就已经出现了一年一度的庆祝丰收的活动，后来，祭天祈年就成了年节的主要内容之一。而且，诸如门神、灶神、财神、喜神、床神、井神等诸路神明，在年节期间，都备享人间香火。人们借此酬谢诸神过去的关照，并祈愿在新的一年中能够得到更多的福佑。除夕，全家欢聚一堂，吃完"团年饭"，长辈给孩子们分发"压岁钱"，一家人团坐"守岁"。以四川等地为例，除夕当天，家家户户都要准备团年饭，在除夕的前几天就要陆陆续续准备过年所需要的东西，如鲜菜瓜果、鸡鸭鱼肉、香烛鞭炮、对联门神等。除夕当天，家家户户都会黎明起床，家中女性负责做团年饭，男性一般则要贴对联和门神。堂屋门上要贴上门神，以求神灵庇护，祛除鬼魅，迎接祥瑞。贴完对联和门神之后，家中男主人就会拿着女主人准备的猪头、鸡腿，以及精心准备的香烛纸钱、美酒鞭炮等祭祀物品去上坟祭祖。四川的团年饭时间不固定，有的地方在中午，有的地方在晚上，但是在吃团年饭之前，都要敬告天地，祭告祖先，接着放鞭炮，举家围桌而坐，热热闹闹吃团年饭。

元日子时交年时刻，鞭炮齐鸣，辞旧岁、迎新年的活动达于高潮。四川民间有守岁的风俗，《风土记》记载："蜀之风俗，晚岁相与馈问，谓之馈岁。酒食相邀，谓之别岁；至除夕达旦不眠，谓之守岁。"一家人围炉夜话，一起守岁，回忆过去，展望未来，其乐融融。至子时，便迎来了正月初一，第一件事情就是烧子时香，燃放鞭炮，在庭院中摆放供果祭天地祖先，有些地方的人们还要去附近的庙观烧第一支香，祈求神明的保佑；近旁没有寺庙的则去附近的高山上烧香。因此，除夕夜是十分热闹的，到处都是爆竹和鞭炮声。还有的地方会进行"抢银水"的活动。子时一到，家家户户乘着夜色，要去水井担一担水回家，谁第一个担水，谁在这一年就会富贵兴旺——满满的一缸"银水"，象征着财源广进。也有一些地方有在除夕夜捡柴的习俗，因为柴的谐音为"财"。捡柴也有讲究，要捡"黄荆条"，因为"黄荆条"象征着"黄金"，捡的越多，寓意来年就越会财源滚滚。上述诸类活动均象征着民间除旧迎新、财源广进的美好愿望。此后便是依次给尊长拜年，继而同族亲友互致祝贺。元日后，开始走亲访友，互送礼品，以庆贺新年。

年节更是民众娱乐狂欢的节日。元日以后，各种丰富多彩的娱乐活动竞相开展——耍狮子、舞龙灯、扭秧歌、踩高跷、跑旱船、杂耍诸戏等，为新春佳节增添了浓郁的喜庆气氛。此时，正值"立春"前后，古时要举行盛大的迎春仪式，鞭牛迎春，祈愿风调雨顺、五谷丰登。各种社火活动一直持续到正月十五，并在元宵再次形成高潮。

时至今日，年节的主要习俗都在不同程度上得以继承和发展。

年节习俗

（二）破五（路神生日）

"破五"指的是农历正月初五。宋人苏轼有《蝶恋花》词直录"破五"景观："泛泛东风初破五。江柳微黄，万万千千缕"。据说"路头神"是吴地所信奉的一位财神，正月初五为他的生日，吴人祭祀迎接，为一时盛景。"路头神"信仰的发端比较晚，"路头"又称"五路神"，原型据说是明人何五路。何五路为抵御倭寇而死，人们因此奉他为神，名曰"五路神"。

民间有接路头的习俗，越早越好，最早接到的才是真神，因此叫作"抢路头"。有的地方，在正月初四就开始"匆匆抢路头"了，且相沿成俗。

旧时，正月初五还有不能用生米做饭，妇女不得出门的禁忌，如清人富察敦崇在《燕京岁时记·破五》记载："初五日谓之破五，破五之内不得以生米为炊，妇女不得出门。"当然，这些都已逐渐消逝在历史长河中。

（三）元宵节

正月十五元宵节，是我国传统节日中的大节。正月十五是新的一年中第一个月圆之夜，而古代又将夜称为"宵"，元宵节因而得名；又因为元宵节的主要习俗活动是燃放花炮焰火，张灯、观灯、赏灯，故而又称为"灯节"。

道教则将正月十五称为"上元节"，乃是天官诞生的日子。

元宵节起源于汉朝，燃放灯火之俗始于汉武帝祭祀泰一；佛教传入中土之后，与佛教正月十五的"燃灯表佛"之仪式融合到了一起。因为官方的大力倡导，元宵节遂在民间广为流传。是夜，城乡花炮焰火不断，锣鼓声震四野，踩高跷、扮故事、舞龙灯、耍狮子、打腰鼓、扭秧歌，百戏社火，精彩纷呈，堪称中国民间的狂欢节。

元宵节在唐代成为万民同庆的灯节。唐朝诗人崔液在《上元夜》中写道："玉漏银壶且莫催，铁关金锁彻明开；谁家见月能闲坐，何处闻灯不看来？"可见当时元宵节热闹的氛围，彻夜狂欢的景象。到了宋朝，灯期由三日延长到五日，到明代更延长到十日。此种节俗，直到今天依然盛传不衰。

明代·佚名《宪宗元宵行乐图》局部

旧时，正月十五还有走百病与祭门户、祭祀蚕神、迎接紫姑等习俗。南朝梁人宗懔在《荆楚岁时记》中记载：

> 按《齐谐记》曰：正月半，有神降陈氏之宅，云是蚕室，若能见祭，当令蚕桑百倍，疑非其事，祭门备之，七祠。

又云：

> 其夕，迎紫姑以卜将来蚕桑并占众事。

《荆楚岁时记》书影

元宵节的节令食品是元宵，也就是汤圆，它寄托着人们祈求新一年圆满顺遂的心愿。正月十五这一天有吃元宵、观灯、烧龙灯、猜灯谜等习俗。部分地区将正月十五这一日称为"过大年"（有的地方过十四，或称"过小年"），如四川巴中。相传清朝湖广填四川时，湖广人到达巴中的时间正好是正月十四、十五两天，错过了大年三十这一天，为了弥补缺憾，遂将正月十四、十五两天定为大年。久而久之，"正月十五过大年"成为巴中地区一种民间习俗，一代一代传承下来了，伴随的还有民谣"跳蚤公，跳蚤母，对河喊你过十五，对河杀个大肥猪，我家杀个瘦鸡母"，大概与送走虫害、祛除疾病、祈望丰收有关①。此外，四川的元宵节还有"四偷"的习俗：一偷汤圆二偷青，三偷檐灯四偷红。偷青起源于何时亦无从考证，只知元宵节当天夜里，城镇中的人要去郊区偷青菜、萝卜、豌豆尖等时令蔬菜，农村亦有此习俗。在元宵节当天，"此偷不算偷"，不会受到惩罚，反而是被偷者倍感荣幸，因为这预兆着来年的庄稼长势良好、五谷丰登、六畜兴旺。在"四偷"习俗中，除了偷青外，其他三项都是求子习俗。

---

① 此习俗为笔者通过田野调查所记录。

（四）寒食、清明与上巳

清明节是我国历法中二十四节气之一，与历史上的寒食节（清明前一天或两天）合为一个节日，节期是在公历每年的四月五日前后。按照夏历计算，则是在三月上半月内。这个节日与农业生产有密切关系。《岁时百问》中记载："万物生长此时，皆清净明洁，故谓之清明。"作为农事节气的清明，它标志着春耕时节的到来。俗谚云"植树造林，莫过清明"，"清明前后，种瓜点豆"。而作为岁时节日的清明节，在融合了寒食节、上巳节的有关风俗后，便有了寒食禁火、祭扫坟墓、踏青郊游、荡秋千、放风筝、打马球、插柳等一系列传统活动。

祭墓、禁火这两大习俗，在周代就已经有了，但原来并没有固定日期，寒食禁火与清明扫墓也没有什么关涉。《周礼》云："仲春以木铎修火禁于国中。"郑玄注云："为季春将出火也，今寒食准节气是仲春之末，清明是三月之初，然则禁火盖周之旧制也。"

汉朝末年，蔡邕在《琴操》中将禁火习俗与传说中介子推被焚一事联系在一起，但是禁火日期却在五月五日。魏晋之时，始将寒食节放在清明前一二日。东晋陆翙的《邺中记》记载云："冬至后百五日，为介子推断火冷食三日，作干粥，今之糗是也。"

到了唐代，唐玄宗于开元二十年（732）正式下令将寒食扫墓列入五礼之中。此后，寒食、清明的习俗就合二为一了。每年农历三月清明日，无论官员士庶、男女老幼皆出郊外扫墓上坟，一时间车马如流，四野如市，香烟缭绕，纸蝶翻飞。中华民族向来有祖先崇拜、祭祀鬼神的传统，在清明节表现得分外集中。这种习俗一直流传至今。只不过，现今除了祭扫父母祖先坟墓之外，人们还会去烈士陵园扫墓，缅怀先烈业绩，以示悼念。

清明节祭祀祖先

除扫墓之外,清明节民间还有戴柳、踏青、游春等习俗。古代,由于寒食节禁火,火种熄灭,于是引申出了清明节钻榆柳取"新火"、传"新火",以及沿门插柳、戴柳的习俗,民间有"清明不戴柳,红颜成皓首"之说。

清明戴柳

另外,古来还有过阴历三月初三上巳节的。先秦时,这个节日是定于三月第一个逢巳的日子。曹魏以后,把它固定在三月初三,不管它是否逢巳。《后汉书·礼仪志》载:"是月上巳,官民皆洁于东流水上,曰洗濯祓除去宿垢疢为大洁。"宗懔《荆楚岁时记》:"今三月桃花水下,以招魂续魄,祓除岁秽。"于是,三月三日上巳节有了踏青、祓禊习俗。是日,临水洗濯祓除,踏青游春，文人雅士有"曲水流觞"之戏。据《荆楚岁时记》载："三月三日，四民并出江渚池沼间，临清流，为流觞曲水之饮。"青年男女则野外郊游，狂欢不禁。因上巳日与清明节时间很近，诸多游乐活动贯穿其间，演化成了清明前后的春游热潮。

清明日，人们在扫墓之余，亦会在郊外聚会冷餐，尽兴游乐。荡秋千、蹴鞠、拔河、放风筝、斗鸡皆是当日常规活动，有些地区还伴有大型庙会、娱乐表演活动……人间热烈奔放的气氛与大自然的无限生机交汇融合，作为一种深层生命意识，积淀在清明节的风俗之中，世代流传。直至今日，清明节依旧是我国民间十分重视的节日，国家甚至将其定为法定节假日，在这一天，全国人民都会进行踏青和扫墓等一系列的活动。

（五）端午节

农历五月初五，是为端午节。"端"是开始、"初"的意思，"午"与"五"既同音又通用，所谓"端午"就是"初五"。端午有许多别名：由于午时艳阳高照，阳光灿烂，故端午又名"端阳"；端午节这天，月、日之数皆为五，故又称"重五"；端午节用菖蒲避邪，故又称"蒲节"；古代人有在端午用兰草沐浴的习俗，故又称之为"沐兰节"。宗懔在《荆楚岁时记》中对此有详细记载："五月五日，谓之浴兰节。四民并踏百草，今人又有斗百草之戏，采艾以为人形，悬门户上，以禳毒气。以菖蒲或镂或屑，以泛酒。是日，竞渡，采杂药。"唐宋时，此日又叫作"天中节""端阳节"。明清时期，北京人称其为"五月节""女儿节"。道教称此日为"地腊节"。

端午节是我国民间夏季最重要的传统节日。关于端午节的起源，历来诸说并存。从其传统节俗活动的内容来看，端午节最初与祛邪、除毒、避瘟、止恶等诸多观念紧密相关是可以肯定无疑的。

仲夏时节，暑热将至，毒虫滋生，疫病易犯，为了抗拒"五毒"的侵袭，民间形成了一系列祛除厌胜习俗。端午日煎熬兰汤沐浴、采制草药，采菖蒲、艾叶插在门户之上，都是为了禳除毒气；剪艾虎当作钗子插在头上，悬挂在手臂上，是用来镇祟辟邪；制作、饮用和涂抹雄黄酒，是为了祛毒杀虫；贴"天师符""钟馗像"是用来捉鬼降妖。《荆楚岁时记》记载："以五彩丝系臂，名曰辟兵。"端午日，人们系五色丝线以求辟灾除病、益寿延年等。上述习俗，除了沐浴兰汤、采制草药尚存祈求身体健康意义之外，其他多属岁时性禁忌、被除观念的产物。

端午节流传至今最主要的节俗活动就是吃粽子、赛龙舟。这两项习俗最初亦属于驱疫逐魅的活动之一。自从与屈原的故事结合以后，传统节俗获得了新的历史性含义，沿袭千年，久盛不衰。如今，粽子依旧是端午节人人要吃的节令食品，龙舟竞渡成了海内外华人非常喜欢的民间竞技和娱乐活动，而对屈原的纪念，则渐次成为构筑中华民族情感底层的一元。

（六）中秋节

农历八月十五为中秋节。八月为秋季的第二个月，故又称中秋节为"仲秋节"。又因为此日恰值中秋之半，且月色倍明，故又称其为"秋节""月夕""月节"。在中国人心目中，中秋是一个象征团圆的传统佳节。

中秋的起源，与古代的秋祀、拜月习俗有关。在其形成、发展过程中，嫦娥奔月神话的附会和渲染，又起了直接推动的作用。先秦时代，即有帝王春天祭日、秋天祭月的礼制。汉魏以后，已经有了赏月、咏月的诗赋之作。除了祭月、赏月之外，古代在秋季谷熟之日，民间还有享祀土地神的"秋报"活动。与之相伴随，自汉朝就已经流传的嫦娥奔月神话不断地被人加工和丰富，逐渐融入了古老的拜祀习俗。到了唐代，中秋拜月、祭月、供月、礼月、赏月的习俗已蔚然成风，到了宋代则达到极盛，此后一直是盛传不衰。

团圆之夜，月圆、饼圆、瓜圆、果圆、家人团圆……人们借助各种意象象征团圆，表达一个共同的心愿：祈愿家人团圆、生活美满。时至今日，拜月的观念与礼数虽然已经淡化，但是中秋观月、赏月、吃月饼依然是最惹人情思的传统习俗。

"但愿人长久，千里共婵娟"，这是中国人特有的传统情感。

（七）重阳节

农历九月初九日为重阳节，因日、月之数逢"九"，且"九"为"阳数"，故称"重阳"，也称"重九"。又因为重阳节有出嫁女儿归宁的风俗，故又称为"女儿节"。

重阳节的活动主要有登高、赏菊、饮菊花酒、佩戴茱萸、食菊花糕等。茱萸是一种药用植物，其味香烈，俗说有除湿祛风的功效，古人认为茱萸是一种可以祛邪的神物。宗懔《荆楚岁时记》载："九月九日宴会，未知起于何代，然自汉至宋未改，今北人亦重此节，佩茱萸、食饵、饮菊花酒，云令人长寿。"又有唐代诗人王维所写《九月九日忆山东兄弟》云："遥知兄弟登高去，遍插茱萸少一人。"此外，菊花酒亦被认为有辟恶除疾、延年益寿的作用。《西京杂记》将此习俗起源归于汉高祖宠妃戚夫人之侍女贾佩兰，无疑加重了俗信的权威性。重阳登高之习俗，民间传说解释其与"桓景避灾"事相关。《续齐谐记》记载东汉汝南人桓景，受仙人费长房指点，于九月九日携全家登高、饮菊花酒、佩戴茱萸香囊而躲过了一场灭门之灾。于是，世人纷纷效法，沿之成俗。尽管传说不足征信，然而其间透露出来的信息却昭示着一个道理：重阳节产生的初始之义，与祓禊、驱避的观念有很大的关系。按照阴阳五行说的解释就是：重阳之日，地气上升，天气下降，天地之气交接，古人为避免接触不正之气，所以才登高避之。

随着时光的流逝，重阳节中的信仰成分逐渐淡薄，而演变为一个以登高、赏菊、宴饮、赋诗为主要内容的游乐性节日。历代文人雅士联袂登高，把酒临风，诗赋相和，留下了无数名篇佳作；普通百姓家多于是日接出嫁的女儿回娘家休息，吃花糕。在北地少数民族中，重阳节还融进了骑射、围猎等活动。到了近代，重阳登高消灾辟邪的观念早已经淡化了，而趁秋高气爽之时，结伴郊游、赏菊、饮菊花酒、食菊花糕，依然是民间广泛流传的民俗活动。此外，到了现代，由于九乃数之极，寓有长久、尊贵之意，重九因而被赋予了敬老尊老的新意。

二、传统节日的民俗特点

（一）鲜明的农业文化特色

我国的传统节日，是农业文明的伴生物。节期的选择本身便是农业社会生产和生活规律的一种特殊表现形式。与春耕、夏锄、秋收、冬藏的生产性节律相对应，民间节日中也就有了春祈、夏伏、秋报、冬腊的岁时性生活节律。

新岁开春，万物复苏，但是冻土乍开，也没有过多的农事，农家生活在此时相对闲适。人们祭天敬祖、鞭春劝农、拜大年、赏花灯、闹社火、过花朝，感受春季春气的萌动，踏青郊游，临水祓禊，通过一个个春的节日，播下希望的种子，期盼着今年的好收成。

天气渐热，进入夏季，农事也随之繁忙起来，少有闲暇，正如白居易在《观刈麦》中写道："田家少闲月，五月人倍忙。"此时，冬谷未尽，宿麦未登，青黄不接，更有炎热酷暑，容易引发各类疾病，故端午节习俗主要是祛邪避瘟、除恶祛毒。盛夏酷暑，更有"曝书""伏闭"等驱避之俗。

金风玉露相逢之时，就是新谷登场、瓜果成熟的时候。这个季节是丰收的季节，秋社报赛、荐新祭祖、拯孤照冥、团聚赏月、饮酒登高，既是报答神明对人类的眷顾，也是慰劳自己一年的辛苦。

秋去冬来，秋收冬藏，一年的农事告竣，仓廪丰实，猪羊满圈。人们蒸米磨面、酿酒烧肉，"送寒衣""履尊长""数九"消寒，饮酒"扶阳"。直到喝完"腊八粥"，又开始准备"忙年"——新一轮的循环又开始了。就这样，所有的节日，都井然有序地分布在一年四季中，顺应时节气候的变化，应和着农业生产的节奏，张弛有度、自然和谐地行进。

（二）浓厚的伦理观念与人情味

在原始部落时期，先民祭祀鬼神，有非常强烈的祖先崇拜观念。我国是一个重视伦理道德的国家，诸多传统节日礼俗深刻地反映了中国人贵人伦、重亲情的特点。

岁节祭祖，几乎是所有节日不可或缺的内容。年节、元宵、寒食、清明、端午、中元、中秋、重阳、冬至等节，或庙祭，或墓祭，或洒扫焚香，或望空禀祝。第一刀新穗、第一盘鲜果、第一把新韭、第一杯佳酿，都用于祭祀活动，表达后辈的孝思与追念；反过来，这种绵延不断、周而复始的岁节礼俗，又不断强化和巩固着人们的家族意识和血缘亲情。

在岁时节日中，天伦之乐表现得格外充分：家人讲究团圆，孩子们受到格外的宠爱——新年的椒柏酒，从年幼者开始喝；端午日首先给儿童涂抹雄黄、戴艾虎，以避免邪气的侵扰；七夕、重阳在家打扮小女儿，节日期间孩子们可以随意嬉闹而不受苛责。亲戚朋友邻里之间，互赠节物时品，例如元宵的花灯、端午的粽子、中秋的月饼、重阳的花糕，礼尚往来，情深意浓。千百年来，传统节日已经成为维系中国社会人际关系重要的感情纽带。只要是中国人，都可以从中真切体会一种血浓于水的骨肉亲情，从而产生一种强烈的认同感和亲和力。

（三）节俗的内容与功能由单一性向复合性发展

中国节日的缘起与各种原始信仰有直接的关系。最早的节俗活动，本意都是敬天、祈年、驱鬼、辟邪。直至魏晋南北朝以前，禁忌、迷信、祓禊、禳解等观念及活动在节俗中都占有主导地位。节日的歌舞狂欢本意在于娱神；以时品上供，旨在贿神。制作和佩戴各种节物，则是为了驱鬼。到后来，这些待遇渐渐不再为神所独有，而变成了人神共享。节日也就逐渐从避忌、防范的神秘气氛中解脱出来，而成为人神共欢的日子。隋唐以后，特别是经过由贞观到开元近百年的休养生息，农业、手工业、商业得到了空前的发展，技术知识也有相当的进步。经济繁荣、文化昌盛，节日风俗也以极快的速度向娱乐方向发展。除夕夜燃放的爆竹不再是祛除鬼怪的手段，而是成了娱乐的工具，且随着火药的发明和应用，由简单的爆竹发展成为各式各样的鞭炮与烟花；神秘的驱傩仪式转变成了民间的傩舞和傩戏；元宵节的祭神灯火发展成为供游人观赏的花灯；上巳节的临水祓禊变化为流觞曲水，供文人吟诗作赋，其本身也融入清明节，成为踏青郊游的节日；中秋的拜月祭祀变成了赏月和玩月；重阳避灾则变为远足登高、饮酒赋诗的赏心乐事；原来用于厌胜的节日物品变成了供人玩赏的手工艺品而获得了审美价值；大量的体育活动相应出现在了节日里面。每逢重大的节日，城乡还多有盛大的社火和庙会活动。届时，商贩咸集，游人如织，祈福、求子、烧香、还愿，欢歌群舞、百戏杂陈，节庆地点与仪式分别成为农村最大的交易场所和娱乐盛会，从而使传统节日集信仰、经济、社交、娱乐等多重功能于一身，成为中国广大民众生活必不可少的组成部分，直到现代依然如此。

传统的岁时节日，是民众集体创造的文化产品。它是古代信仰物化形态的一种遗留，同时，它也是一种生活的节奏，一种逐渐形成的自我调节机制。大自然的一切都是有节奏可循的，人的生活也必须是有张有弛的。生活中不可无节日，节日里也不可无生活，这二者是相互依存的关系。在现代生活里面，岁时节日已经基本失去了早先的信仰内核，但许多传统节俗却依然存活在民众的生活之中，并且随着时代的发展，从内容到形式都得到更新与发展，呈现出多样性与时代性。

我国是一个多民族国家，在数千年的历史发展过程中，各民族的风俗交相融汇，异彩纷呈。除了一些共同性的大节之外，各民族还有许多独具特色的岁时节日，它们一齐构成了中华民族丰富的节日文化。

三、现代节日

现代节日，指的是近现代才产生的节日。从某种意义上来说，现代节日不能算是传统的岁时节日，因为大多数现代节日的形成已经失去了古代节日中的内涵，与农业生产，与天时、物候的周期性变化几乎没有什么关系。

这些新产生的节日，主要是为了适应现代人的生活需要，或是在某种历史背景下形成的一些纪念日或者社会公共活动。它们同样以年为周期，循环往复，并且有各种特定的活动内容，因而具备了"节日"的形态，在现实生活中发挥着"节日"的功能。如公历1月1日的"元旦"新年，3月8日的"国际劳动妇女节"，5月1日的"国际劳动节"，6月1日的"国际儿童节"，7月1日的"建党节"，8月1日的"建军节"，10月1日的"国庆节"等等，都是由国家政府明文规定的现代节庆日。另外，又有3月12日的"植树节"，9月10日的"教师节"，还有人倡议将传统的"重阳节"定为"敬老节""老人节"等等。

现代新节日，具有鲜明的时代特色。它们体现着时代变革过程中人们争取自由解放和一切合法权益的奋斗精神，展示了人们热爱祖国、崇尚科学、尊重知识、敬老爱幼、尊重妇女、保护环境、造福后人的时代风尚。它们丰富着我们民族的节日文化，并以新的内容、新的风采对传统节日的节俗活动给予积极的影响。

正因为节日在人民生活中有非常重要的地位，人们对节日期间的一切活动常常是尽力投入的。所以，近些年来，有不少经贸洽谈、商品展销、旅游观光等活动，也往往借助"节日"这种为人所熟悉而又易于接受的形式进行，如"购物节""时装节""美食节""书法节""烟花节""啤酒节""茶花节""桃花节""梨花节""赏梅节""柑橘节""西瓜节""小枣节""豆腐文化节""海鲜节"……名目众多，不胜枚举。这是在当前经济发展、改革开放大浪潮中应运而生的一种文化现象。它们作为展销、促销的一种手段，对于开阔视野、交流信息、促进经贸活动的开展，以及与之相关的环境卫生、交通秩序的整顿等，应该说有一定的积极作用。但是，过滥的"人造节日"活动却不宜提倡，因为这样不符合节日自身发展的规律。节日本身就是为了适应生产、生活需要而产生的，在长期的生活实践中自然形成的一种休整日，如果天天"过节"，闹得人们不堪重负，那也就失去了节日本来的意义。

个案研究一：闲话中秋

文/康君

又是一年中秋节！年年在过，年年又不同。

中秋节，即在中秋过的节日。中秋，意即秋季之中。一年有四季，秋据其一，横跨农历的七、八、九月，而八月正处于秋季的中间，故称"中秋"（《礼记》称为"仲秋"）。至于在秋季之中的八月十五这天来庆祝中秋，至少在晋朝之前是没有的，因为最早的有关节日的专著《荆楚岁时记》是南朝梁人宗懔写的，其中并没有记载中秋节，只是记载了八月十四的习俗。

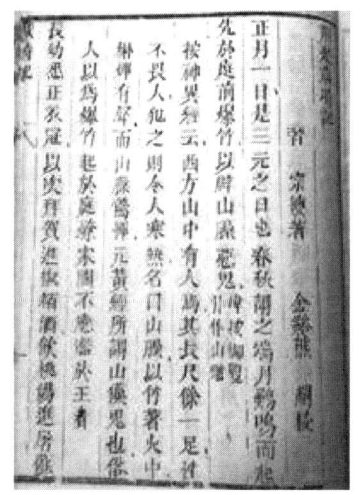

《荆楚岁时记》书影（作者供图）

到了宋朝，有关中秋节的说法就多了，如苏轼苏辙兄弟就有许多中秋诗。

"中秋"一说很早就见载于典籍。《周礼·夏官》记载："大司马之职……中秋教治兵，如振旅之陈。""沙场秋点兵"大概便是源出于此，其说的就是在秋天检阅军队。秋季在以农耕为主的中国，被认为是收获的季节，而中秋节被认为是庆祝收获的节日。《说文解字》释秋曰："禾谷熟也。"中秋前后，我的家乡已经收割了稻谷，吃上新米了。中秋节吃月饼大概只是仪式之一。旧时月饼常是用小麦面做的，而我家乡的小麦在立夏之后就开始收割。谚云"麦从立夏死"，即告诫人们从农历四月的上旬（公历5月5日前后）始，就应着手收割麦子了，至迟不可超过芒种。在农历五月初五的端阳节，我们就已经吃上新收小麦做成的"油坨坨"（一种川陕小吃）了，但越往北，麦子的成熟时期就越晚。

所以我猜测，中秋节吃月饼的习俗来自北方。

来看一本北方出版的历书的说法："过中秋节，最普遍的风俗是赏月。这天晚上，人们对着又圆又亮的月亮，吃着刚刚收获的瓜果和月饼，叙说着关于'广寒仙宫'的传说。"

中秋节最初是以拜月的形式出现的，即《礼记》所说"夜明，祭月也"。古时，专设月坛以拜祭月亮。《管子》说得更详细："秋至而禾熟。天子祀于太惢，西出其国百三十八里而坛，服白而絻白，摺玉总，带锡监，吹埙篪之风，凿动金石之音，朝诸侯卿大夫列士，循于百姓，号曰祭月。"苏轼的诗"楼下谁家烧夜香，玉笙哀怨弄初凉。临风有客吟秋扇，拜月无人见晚妆"，所写就是拜月的情景。

在古代传说中，月亮中有"月宫"，又称为"广寒宫"。广寒者，极寒之处也，这是因为古人将月亮与太阳相对，称为太阴。那么，月宫里面到底有什么呢？

月宫有月华。家乡常有中秋节晚上"拜月华"之说，这月华是指月神还是指月光，或者兼而有之，已不得而知了。不过苏轼有诗句"清谈美景双奇绝，不觉归鞍带月华。"这里的月华，当指月光了。

月宫中有蛤蟆。"蟆背似覆盂，蟆颐如偃月。谓是月中蟆，开口吐月液。"（苏轼《虾蟆培》）这蛤蟆能吐"月液"，当然为神物了。蛤蟆又叫蟾蜍，所以月宫又叫"蟾宫"。

八月又称"桂月"，月宫中有桂花树，也是较晚出的附会之辞。也有人称其为"夜合树"，但月宫折桂或者蟾宫折桂的故事，寓意甚好，指的是考试登科。

月宫既称广寒宫，则非常人可以居住，于是仙人的传说就出现了。起初，有张果老砍树的故事——我在儿时仍听说过这个故事——后来又有了吴刚砍树，再后来，嫦娥奔月的故事就出现了。唐朝李商隐的《嫦娥》诗最为著名，"云母屏风烛影深，长河渐落晓星沉。嫦娥应悔偷灵药，碧海青天夜夜心。"嫦娥每天晚上一个人面对着碧海青天，实在是孤独得很，也许她真的很后悔偷吃了灵药飞到了月宫，再也不能回到人间大地。或许月宫中的玉兔，是人们为了安慰她而设置的？又有传说，月中常有玉兔捣药，"月中何有，白兔捣药"（晋代傅玄《拟天问》），传说中的桂花树在这里成了捣药杵，砍树者成了玉兔。果真如此的话，玉兔捣的灵药，嫦娥吃了，兴许还真能飞回人间。

月饼包装上的嫦娥奔月图

所以，看见天上的月亮，人们就有了思乡之情。特别是中秋之月，"露从今夜白，月是故乡明"，"举头望明月，低头思故乡"。即使远在他乡，还想着"海上生明月，天涯共此时"。望月，寄托着中国人对家乡亲人的思念和祝福。

在家乡，中秋节晚上拜月和赏月是极重要的仪式。我们来看看民国时《仁寿县志》的记载："八月十五为中秋节，俗于庭中陈设月饼及梨、石榴诸果品以拜月，或以月饼馈亲朋。世传中秋无月，兔不孕、蚌不胎、五谷不丰、阴阳不合。文人或约亲友饮酒吟诗，谓之赏月。"换句话说，拜月就是大众过中秋，赏月是文人的雅事。而到了今天，大众都有了赏月的习惯，尽管在每年中秋节这天的晚上不一定都能见到又大又圆的月亮，但这种美好的心情和愿望始终如一。

对于八月十五为中秋节，苏轼说："菊花开时乃重阳，凉天佳月即中秋，不须以日月为断也。"他的意思是，只要是天气好，出现了圆月，就可当成中秋，不一定非要以固定的时间来过中秋。想来也颇有道理，过去家乡不是有句谚语称"有肉吃，天天都是过年"吗？诚哉斯言！

个案研究二：从守岁到观花灯

文/康君

眉山的苏轼、苏辙兄弟在文学上的成就巨大，世人皆知苏东坡词名，却不一定知道他还作了很多诗。苏辙亦然，其诗作中有不少是和兄长的诗。苏轼为人旷达，在细节上不大留意，苏辙却做事细致、内敛。这从两人的文集就可以看出，苏轼并没有刻意保存诗文，加上当政者禁毁，遗失不少；苏辙则亲自修订诗集，是以，他的诗虽然数量很多，但少有遗失，几乎保持了原貌。他的和诗是对苏轼诗作背景和内容最好的注脚。

苏轼关于过年的诗不多，《东坡集》收录的第一首为《守岁》："欲知垂尽岁，有似赴壑蛇。修鳞半已没，去意谁能遮。况欲系其尾，虽勤知奈何。儿童强不睡，相守夜欢哗。晨鸡且勿唱，更鼓畏添挝。坐久灯烬落，起看北斗斜。明年岂无年，心事恐蹉跎。努力尽今夕，少年犹可夸。""岁"就像一条快进洞的蛇，抓也抓不住，儿童强打起精神，一夜喧哗……虽说明年还有年，大人的心事却是忐忑的，少年还是要努力啊！

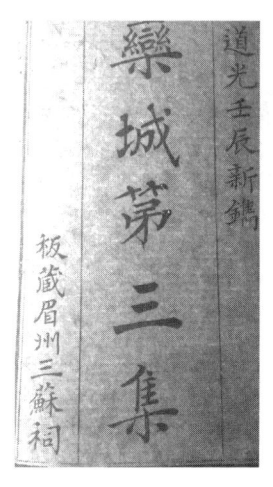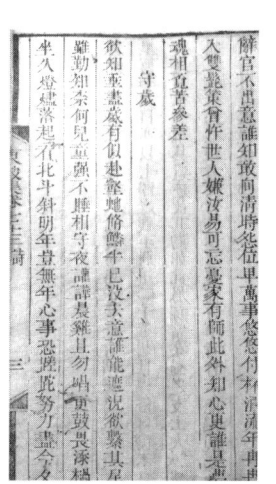

《栾城集》书影（作者供图）

再看苏辙的《栾城集》，关于过年的诗非常多，其中就有和兄长苏轼的诗，可惜苏轼的原诗已无从查考。例如，《次韵子瞻记岁莫（暮）乡俗三首》说得是哪三个乡俗？原来是馈岁、别岁、守岁。凭这三首诗，我们可以了解到宋时眉山的过年习俗，除了守岁，还有馈岁和别岁。《馈岁》中有这样的风俗："乡人慕古俗，酬酢等四坐。东邻遗西舍，迭出如蚁磨。宁我不饮食，无尔相咎过。相从庆新春，颜色买愉和。"邻居们互相馈赠，宁愿自己不吃，就是图个高兴。《别岁》却充满了感激和期望："岁岁虽无情，从我历四时。酌尔一杯酒，留我壮且肥。长作今岁欢，勿起异日悲。"今天虽然只存守岁旧俗，但先辈敦厚淳朴的风气却遗留了下来。

如今，家乡还有一个有趣的习俗。"封印"，在乡间是很常见的说法，常用来训示小孩子。它的来源很有意思：旧时官府在腊月间会告知百姓，自某天起不再签押，不用官印了，要收起来，这便是"封印"。寻常百姓无印可封，便借此对付调皮的小孩子，如果小孩顽皮，在大年三十还惹家长生气，大人往往会说，"今年最后一天，还要给你封个印?!"但多半是恐吓的语气，毕竟过年了，还是要图个喜庆的。

另外，在除夕，家乡还有"封井"一说。小时候，每年的这天晚上，我都会和大人拿着香蜡纸钱，一碟清油，去房子旁边封井，祈求井神赐给我们丰沛的井水。水在人类的生活起居中起到很重要的作用。据说，家乡井神是一位手握一条龙的女性形象。祷告完毕，就往井里倒入清油。第二天一大早去井里挑水，水面就有一层清油，称作"银水"，预示不但有水，还有财。

井神（作者供图）

有封印，就有"开印"。官府是在正月初三开印办公。而对顽童而言，"开印"就意味着挨打。民间认为，在正月初挨打，预示着这一年不知要挨多少打。所以，大人、小孩都会小心翼翼，避免在新年犯错。

人之初生，以七日为腊，一腊一魄成，故四十九日而七魄成。所以腊月要讲究忌讳。旧俗还有除夕夜晚在外悄悄行走，听人言语，以断一年通达或阻塞的说法。

在除夕或者正月初一，屠苏酒是必须要喝的。苏辙说："年年最后饮屠苏，不觉年来七十余。"苏轼也说："但把穷愁博长健，不辞最后饮屠苏。"照例，喝屠苏酒，先由小孩子喝，最后才是最年长的老人喝。据说，喝过屠苏酒就不会染上瘟疫。屠苏，又叫苦草，在三伏天收割，一天一束，阴干。到了冬至那天，春为末，在元旦五更天，用蜂蜜调成丸子，每人服一丸。用之泡酒，就是屠苏酒。

正月十五元宵节，家乡说是"过大年"，有一项隆重的节目就是耍龙灯和观花灯。如今，这两项都保留了下来。耍龙灯在一般的乡镇都能看到，观花灯则要到大的城镇，现下当然是借助光电了，不再用以前的蜡炬。在古代，观花灯、猜灯谜是过年中最热闹的，从正月十四开始，到正月十八结束。猜灯谜是启迪智慧的途径之一，非常有趣，很多人都乐意参与。如"色相空时觉洒然，知君降自大罗天。笑他尘网真成痴，坐到水消即是禅。不敢趋炎情默默，何妨守冷腹便便。想伊也惧春心动，早已消融在腊前"。谜底为"雪堆的罗汉"。

苏辙的诗《记岁首乡俗·寄子瞻二首》，记载了家乡年初的风俗：踏青、蚕市。"江上冰消岸草青，三三五五踏青行"，这是我们现在仍保留的习俗。"异方不见古风俗，但向陌上闻吹笙"，客居异乡的诗人，彼时也许正在思念故乡哦！

个案研究三：过年的习俗

文/康君

在热闹的春节探亲访友，也就是我们称作的"拜年"，是过年最重要的活动之一。这在民国时《仁寿县志》中早有记载：

> 正月二日至六日，俗多新妇偕婿归宁，谓之"拜新年"。

在正月初一这一天，出嫁的姑娘是不回娘家的，归宁的日子在新年第二天。所以，初二这天，有姑娘出嫁的人家要为姑娘回娘家和新姑爷上门准备丰盛的饭食，老丈人和丈母娘会给新姑爷准备红包，而且金额是吉利的数字，象征红火和顺遂。而新姑爷自然也会奉上好酒和新衣等厚礼。

亲朋之间的拜年，也是最常见的活动。许多长年在外或者平时不常走动的亲戚，也会安排在春节这段时间互相走动，特别是晚辈是必须去给长辈拜年的，不然，就会被认为失了礼数。所以说，春节不仅仅是每家喜庆团聚的传统节日，还是家族维系亲情和友朋联络感情的节日。除了拜年活动，正月间的不少日子还有特别的意义。

据说，初二为迎财神的日子。因为财神是最受人间欢迎的神仙之一，所以迎财神被视为极重要的一件事，每家每户都要张贴"招财进宝"图就是明证。初四则为迎神日，在午后要接神，放鞭炮，烧神马、天兵，谓之"请神"。现在，这些习俗已近消失。

> 正月五日，俗称"破五"，自元日始，人家俱禁洒扫，至是日始以箕盛滓秽倾于途侧，谓之"送五穷"。

据说从初一到初四，除了不能扫地，还不能动针线，否则会"巾巾绊绊的"（四川方言，意为发生牵扯、纠葛），一年都会不顺利。到了初五，就把这几天的垃圾一齐倒掉，象征从此干净、利落。据说这一天还是五路财神的生日，商店要祭祀利市仙官，祈求开市大吉，并在招牌上挂红布。

有一种说法为：正月初一是鸡过年，初二是狗过年，初三是猪过年，初四是羊过年，初五是牛过年，初六是马过年，到了初七才是人过年。这一说法源自女娲造物神话,与西方宗教经典《圣经》中"上帝创造万物"的说法类似。

在民间还有"人日天气清明者,则人生繁衍"的说法。初八则为放生日。

正月九日俗称为"上元",县人竞为龙灯、狮灯,择子弟之矫捷、壮佼者,持以沿街游戏,观者麻集,是夕街市比户燃灯,有鱼、龙、狮、象、鳌山各式样,故又称上元为"放灯日"。盖仿《周礼》方相氏卒岁大傩祛除群厉之遗意。谚称"雨打上元灯,油米贵如金",盖谓是夕不宜雨也。

上元节是一年中较为隆重的节日,一般的说法是正月十五,不知《仁寿县志》"正月九日"的说法从何而来?按家中长辈的说法,正月初一到初九要"上灯",即从这一天起,要每晚点灯,初九晚上要"供天"。照例是在灶头和先人神位前燃灯:用小碟盛满菜油,把灯草浸入油中,点燃。现在,每逢过年,老母亲在晚上每隔一段时间就会用"刷把签"(刷锅用的刷把上的竹签)把快燃完的灯草挑起来,拨亮,以免熄灭。灯草是一种草本植物,把它的芯抽出来晒干,就是点灯的材料了。灯草极易点燃,浸入油中,很快就被浸透,虽然一灯如豆,但不易熄灭,而且不会很快燃完。原来我们这里是生长着这种草的,只是现在已经很少见了,但卖灯草的还有,而且是扎成一小把,论把议价。

所谓"供天",是指人们在这一天要到寺庙点灯,祈祷家人平安。现在这一习俗仍有流传,这天举行的燃灯祈福仪式也是寺庙最热闹的仪式之一。

据说初九还是玉皇大帝的生日,有祭天公的习俗,这一天的讲究是保持和气,否则会冒犯天神。

这些过年的习俗,部分掺杂着迷信的成分,需要今人理性看待。但同时,它们是春节民俗的主要构成,了解这些,对我们了解中国民俗还是有意义的。

 **思考与讨论**

丰富多彩的岁时节日对弘扬我国传统文化有何积极影响?

 **思政小课堂**

1. 增强民族凝聚力。传统岁时节日诞生于生产生活之中,通过固定的典

礼和仪式，在相同的时节让人们聚集在一起，共盼未来、共享劳动成果、共创美好生活。

2. 民族文化传承。各种岁时节日仪式和庆典都带有特殊意义，诸多节日物品都蕴含了深刻的文化内涵，身临其境方能传习博大精深的中华文化。

3. 民族精神展示。传统节日中传达出来的价值取向能规范人们的行为、影响民族的观念。缅怀革命先烈，传承民族精神，有助于塑造民族特有的人生观、价值观和世界观。

第三章

饮食民俗

饮食民俗是指人们从古至今在饮食的生产与消费过程中形成的行为传承和风俗习惯。中国以农业立国，农作物丰富，饮食种类繁多，经过漫长的历史演变，形成了颇具特色的饮食民俗。

第一节 饮食文化

一、饮食行为的起源

关于饮食行为（这里讨论的饮食行为指人类自觉地用火加工食物并食用之）的诞生，学术界有这样几种说法。一种说法认为，饮食行为的产生源于人类对森林大火这种自然现象的认识。原始人类在森林大火后看到很多动物被烧过的尸体，他们在偶然吃过一次之后，发现被烧过的动物比没被烧过的动物要好吃得多，便开始用火对食物进行加工，饮食行为也就因此而产生了。也有人认为，人类吃熟食始于某人偶然从取暖或其他用处的火堆中拣起一块烤熟的肉，由此人类便开始吃熟食了。

这两种说法都把饮食行为的产生看成是一种巧合和偶然，把人类饮食文化的开端——吃熟食说成是一种较为被动的而缺少主观能动性的举动。这是否有点低估了人类祖先的创造能力呢？按照这种观点，如果没有人在偶然中发现熟食的话，那人类就会永远吃生食。但说到底，这只是人们的一种臆测和推理，没有充分的证据可以证明这两种推测的可靠性。

无论如何，饮食行为的形成应该依赖于下面两种条件。第一，饮食行为的持续发生是人类的一种有意识的活动，而不是一种偶然或巧合。第二，饮食行为必须与人类周期性的活动有关，只有这样，饮食行为才有发展、进步和系统化、文化化的可能性。我们认为人类开始吃熟食的行为与宗教或巫术仪式有着密切的关系。虽然我们还不能十分肯定到底是饮食行为脱胎于仪式，还是饮食行为创造了仪式，但仪式中一定少不了饮食，两者的关系密不可分。同时，仪式使得饮食行为日渐复杂化和系统化，并逐渐发展成为一种重要的文化力量。

巫术或宗教仪式是古代人周期性举行和参与的活动。在仪式活动中，人们常常会使用火，无论是祭天、祭祖（室内和室外），还是婚礼、丧礼、祈神、还愿等仪式，人们都要焚香、燃烛。在这些用火的仪式中，古代人或是出于偶然，或是有意识地用火对食物进行处理，但其目的大都是希望通过一些特殊的举动与神灵沟通，而不是为了满足人们的口腹需要。

在仪式结束以后，人们常常要分食仪式中的食品。人们相信，这些仪式食品具有驱邪除病的特殊功能。后来，由于健康、味觉等原因，这些仪式食物逐渐走进人们的日常生活，由此熟食便产生了。

二、中国传统饮食习俗的特点

首先，传统饮食习俗不仅重吃，更看重食物的准备、制作过程。许多食品的烹调过程近乎一种仪式。例如，江苏、浙江一带，过去有一道名为"猪脯"的名菜。

猪脯的制作过程极为烦琐。时人相信，经过驱赶等特殊的处理，可使猪全身的精华集中在后背上的一小片肉上。这片所谓的精华之肉便是制作猪脯的主要材料，做成一碗猪脯往往需宰杀数十头猪。其实，时人在意的并不只是猪脯好吃与否，还包括制作猪脯的过程。在这一由许多人参与的制作过程中，无论是取猪之精华，还是埋葬死猪，我们都可以察觉到仪式的痕迹。换而言之，这道菜很可能源于古代的某种仪式。

另外，曾见于南方一些地区的"鱼脑""猴脑汤"以及"三叫"等菜肴都有类似的处理过程，这难免不使人把这种制作过程和古代的一些仪式联系在一起。今天，随着文明的进步，我们对于这样的饮食习俗是应加以批判的。

中国北方极有代表性的传统食品——饺子，我们也可以从中看出人们重视食物制作过程的饮食习俗。除夕之夜，人们往往是在吃过了年夜饭以后才开始包饺子的。这天是全家人团聚的日子，按照部分地区的传统，即使是在千里之外，人们也要赶回家，吃一顿"团圆饺子"。除夕夜，在全家人一起动手制作饺子的过程中，人们可以充分体会家庭的和谐、美满和幸福。对中国北方人来说，饺子这种食品的制作过程可以把全家人联系在一起。

其次，中国民间饮食非常注重"平衡""中庸"，不仅讲究配料搭配得当，还要根据自己身体的情况有选择地进食，以不破坏身体内部的平衡，或帮助身体达到某种平衡状态为宜。民俗学者李亦园认为，中国文化中的宇宙观及其最基本的运作法则就是对和谐与均衡的追求，也就是儒家史籍上所说的"致中和"。为达到均衡与和谐的最高境界，要在三个层面上共同获得各自的均衡和谐。饮食便是这三个层次中"个体系统的和谐"中的一部分。

同其他民俗事象一样，饮食也包含着一个民族和一种文化的许多传统观念。中国人推崇平和中庸，这种思想同样体现在我们的饮食文化上。例如，根据阴阳之道，中国人把食物分为凉性的和热性的：热性的，食之有火，凉性的，食之有寒。一般说来，物性相反的不可同食，但如热、寒太过，则热上不可再加热，寒上不可再加寒。从营养的角度，又分出是大补还是大损，补品有益，损则不宜。但"补"又忌过分，"损"或在积食、需泄等时也可适当食用。有些食物还被认为是有毒的。热、凉、补、损、毒的各种食物又可以专攻人体的某一部分。总之，人们认为食物有不同的性质，可以根据自己身体的状况选择进食，以求达到平衡自身的效果。

最后，古人具有根深蒂固的"食补"观念。其中最显著的一种观念是"以形补形"，即吃什么补什么。例如，吃动物的肝脏就可以补肝虚，吃动物的肾脏就可以补人的肾，还有诸如"吃脑补脑""吃胆长胆"的说法。当然，这大抵是些无稽之谈。可古人并不如此看，甚至奉为圭臬，还由此又发展出食物的品性可以影响到食者的品性的观念。例如，如果一个人胆大妄为，做了一些令人吃惊的事情，我们常常说他是"吃了熊心豹子胆"。因为在人们的观察中，熊、豹子都是性情凶猛的动物，所以，吃了熊或豹子身体的某一部分，尤其是心或胆,便会染上这些动物的性情。再例如,如果一个人一味坚持做一件事情,我们就会说他"吃了秤砣,铁了心",这正反映了古人对食物效用的观念。

更为典型的是,人们认为,在某种特定的条件下食用某些食物,可影响生育。例如,古人认为,吃瓜、鸡蛋、花生、石榴等食物,可以帮助人们怀孕生子,因为这些食物或体现了多籽(籽与子谐音,因而也就意味着多子),或意味着孕育生命(鸡蛋)。

食物与性情关系密切的观念由来已久,《淮南子·地形训》就有这样的记载:"食水者善游能寒,食土者无心而慧,食木者多力而拂,食草者善走而愚,食叶者有丝而蛾,食肉者勇敢而悍,食气者神明而寿,食谷者知慧而夭,不食者不死而神。"由于水、土、木、草、叶、肉、气、谷的性情不一,因此,以它们为食的人或动物也就具有了不同的性格特征。

究其根源,这种观点源于人们的巫术观念,这是在人类思维活动中普遍存在的一种思想,即人的意识可以控制和影响自然以及周围的环境;相反,自然和环境也可以通过某种途径影响人类。人与自然相互影响的途径主要有接触和模拟,而饮食便是一种最直接、最显而易见的接触方式。由此,我们也就不难理解这种饮食观念了。

三、中国传统饮食习俗

(一)饮食风味:八大菜系,各擅胜场

由于中国各地自然条件不同,各地人民对饮食滋味的要求就不一样。古人认为,美味佳肴,"物无定味,适口者珍"。清代钱泳在《履园丛话》中论治庖时,也认为"烹调得宜,便为美馔","饮食一道,如方言各处不同,只要对口味"。如黄河流域的人们就普遍喜爱腌渍食品,口味较重,以齐鲁饮食文化为代表。古籍中记载齐鲁地区的经常性菜肴有醢、菹菜等,这些都是用盐腌渍的食物。所以生活在鲁国的孔子,平日饮食是"不得其酱,不食"(《论语·乡党》)。而长江流域的饮食口味就与黄河流域大相径庭,它以荆楚饮食文化为代表。楚人饮食大体是遵循"大苦咸酸,辛甘行些"(《楚辞·招魂》)来调和五

味的。这种不同地区的口味偏差，成为中国饮食格局构建的基础。中国饮食文化的一大特点，就是根据各地不同的味觉习惯，在选料方式、操作方法、色泽搭配等方面，逐渐构成了区域性的食谱程式——菜系，以及由此而衍化的各种风味饮食、食用惯制。赵荣光在《饮食文化概论》中将中国饮食文化的分布格局划分为11个相对独立的特色板块：东北圈、京津圈、黄河下游圈、长江下游圈、东南圈、中北圈、黄河中游圈、长江中游圈、西南圈、西北圈、青藏高原圈。

《黄帝内经·素问》指出："故东方之域，天地之所始生也。鱼盐之地，海滨傍水，其民食鱼而嗜咸……西方者，金玉之域，沙石之处，天地之所收引也。其民陵居而多风，水土刚强，其民不衣而褐荐，华食而脂肥……北方者，天地所闭藏之域也，其地高，陵居，风寒冰冽。其民乐野处而乳食……南方者，天地所长养，阳之所盛处也，其地下，水土弱，雾露之所聚也，其民嗜酸而食胕……中央者，其地平以湿，天地所以生万物也众。其民食杂而不劳。"各地饮食的差异乃自然形成，自然环境具有决定性的作用。譬如，傣族地区气候炎热、潮湿，食品容易发酵。发酵食品的一大特色是酸。久而久之，傣族人形成了嗜酸的饮食个性。而酸味食品恰恰满足了炎热地区人们对口味和健康的需求。因为酸食具有两大功能：一是刺激食欲，有利于食物的消化和营养的吸收；二是消暑解热。

从历史文献的记载来看，中国饮食的地方风味差异的形成可以追溯到先秦时代。《礼记·内则》比较详细地介绍了西周时代天子食用的八样美味菜肴（号称"八珍"）的烹饪方法，这是目前所能见到的中国北方菜的最早食谱。

北京全聚德烤鸭所用原料多为陆产，属黄河流域地方风味；而《吕览·本味》《楚辞·招魂》所列举的菜肴，其用料多为水产禽类，属长江流域地方风味。魏晋以后，西南地区的成都以及东南地区的扬州逐渐发展为天下重镇，经济文化空前繁荣，富饶的物产资源得到更好的开发和利用。及至唐代，在南方形成三大各具特色的饮食风味：西南长江中上游的川味、中南长江中下游的淮扬味，以及岭南珠江流域和闽江流域的粤闽味。山东是我国著名的文化发源地之一，秦汉时期，冶铁、煮盐、纺织三大手工业尤其发达，生产力的提高大大促进了山东烹饪的发展和提高。到了宋代，"川食""南烹"之名见于典籍，鲁、川、苏、粤四大风味菜实际上已基本形成。元、明、清三代，特别是清代，各地方风味有明显发展。《清稗类钞》"各省特色之肴馔"一节说："肴馔之有特色者，如京师、山东、四川、广东、福建、江宁、苏州、镇江、扬州、淮安。"在鲁菜、川菜、苏菜、粤菜四大菜系的基础上，闽菜、浙菜、湘菜、徽菜相继诞生，由此构成八大菜系。

鲁菜的形成和发展与山东地区的文化历史、地理环境、经济条件等因素有关，而且长期以来，鲁菜被奉为宫廷菜。在原料上，鲁菜多选畜禽、海产、蔬菜，长于爆、熘、拔丝、蜜汁等烹调方法，常用酱、葱、蒜调味，善用清汤、奶汤增鲜，口味咸鲜。由于鲁菜对其他菜系的形成有重要影响，鲁菜被列为八大菜系之首。

奶汤蒲菜

川菜是中国最有特色的菜系之一，主要特点在于味型多样，具有"一菜一格""百菜百味"的特点。辣椒、胡椒、花椒、豆瓣酱等是其主要调味品，不同的配比，化出了麻辣、酸辣、椒麻、糖醋、鱼香、怪味等多种味型，无不厚实醇浓。其著名菜肴有"麻婆豆腐""宫保鸡丁""夫妻肺片""鱼香肉丝"等。

麻婆豆腐

苏菜是以苏州、扬州、南京、镇江等地的菜肴为基础发展而成的。其特点是鲜香酥烂、原汁原汤、浓而不腻、咸中带甜。其烹调技艺以长于炖、焖、烧、煨、炒而著称，烹调时用料严谨，注意配色，讲究造型。苏菜中的著名菜肴有"清汤火方""清炖蟹粉狮子头""盐水鸭"等。

粤菜即广东菜，主要由广府、客家、潮汕三种风味组成。中国大部分地区都有粤菜馆，海外的中餐馆大部分以粤菜为主。粤菜用料广博，选料珍奇，配料精巧，善于在模仿中创新，能依食客喜好而烹制。其烹调技艺多样善变，以炒、爆为主，兼有烩、煎、烤，讲究清而不淡，鲜而不俗，嫩而不生，油而不腻，有"五滋"（香、松、软、肥、浓）、"六味"（酸、甜、苦、辣、咸、鲜）之说。粤菜中的著名菜肴有"烤乳猪""太爷鸡""盐焗鸡""白灼虾""白斩鸡""烧鹅"等。

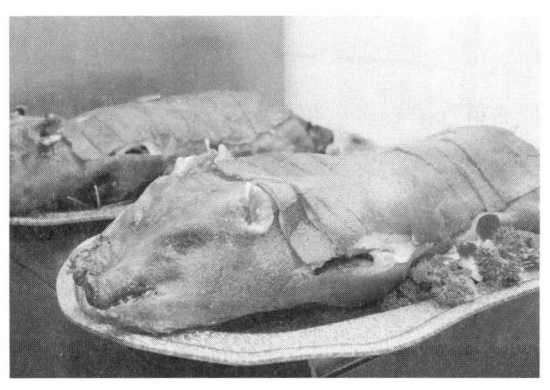

烤乳猪

闽菜起源于福建省闽侯县，它是以福州、泉州、厦门等地的菜肴为基础发展而成的。其特点是色调美观，滋味清鲜。其烹调方法侧重于炒、熘、煎、煨等，尤以"糟"最具特色。由于福建地处东南沿海，盛产多种海鲜，如海鳗、蛏子、鱿鱼、黄鱼、海参等，因此，闽人多以海鲜为原料烹制各式菜肴，别具风味。其著名菜肴品种有"佛跳墙""醉糟鸡""酸辣烂鱿鱼""烧片糟鸡""太极明虾""清蒸加力鱼""荔枝肉"等。

浙菜是以杭州、宁波、绍兴、温州等地的菜肴为基础发展而成的。其特点是清、香、脆、嫩、爽、鲜。浙江盛产鱼虾，又是著名的风景旅游胜地，湖山清秀，淡雅宜人。其菜如景，不少名菜来自民间，制作精细，变化较多。其烹调技法以炒、炸、烩、熘、蒸、烧为主。浙菜中久负盛名的菜肴有"西湖醋鱼""生爆鳝片""东坡肉""龙井虾仁""干炸响铃""叫花童鸡""清汤鱼圆""干菜焖肉""大汤黄鱼""爆墨鱼卷""锦绣鱼丝"等。

叫花童鸡

湘菜是以湘江流域、洞庭湖地区和湘西山区的菜肴为基础发展而成的。其特点是用料广泛，油重色浓，多以辣椒、熏腊为原料，口味注重香鲜、酸辣、软嫩，长于腊、熏、煨、蒸、炖、炸、炒。其著名菜肴有"腊味合蒸""东安子鸡""麻辣子鸡""汤泡肚""冰糖湘莲""金钱鱼"等。

徽菜是以沿江、沿淮、徽州三地区的地方菜为基础发展而成的。其特点是选料朴实，讲究火功，重油重色，味道醇厚，保持原汁原味。徽菜以烹制野味而闻名，早在南宋时，"沙地马蹄鳖，雪中牛尾狐"已闻名遐迩。其烹调方法常用烧、焖、炖，著名的菜肴有"符离集烧鸡""火腿炖甲鱼""腌鲜鳜鱼"

"火腿炖鞭笋""雪冬烧山鸡""奶汁肥王鱼""毛峰熏鲥鱼"等。

由于地理环境、气候等存在差异，各地口味也就不同。一般说来，中国北方寒冷，菜肴以浓厚、咸味为主；华东地区气候温和，菜肴则以甜味和咸味为主；西南地区多雨潮湿，菜肴多用麻辣浓味。一首"口味歌"可以笼统地概括这细微的区别：

安徽甜，河北咸，福建浙江咸又甜。宁夏河南陕青甘，又辣又甜外加咸。山西醋，山东盐，东北三省咸带酸。黔赣两湖辣子蒜，又麻又辣数四川。广东鲜，江苏淡，少数民族不一般。因人而异多实践，巧调能如百人愿。

（二）饮食制作：讲究美感，情调优雅

中国被誉为"烹饪王国"，就烹调技法来说，常用的有炒、爆、炸、熘、煎、贴、烩、烧、炖、焖、汆、煮、酱、卤、蒸、烤、拌、炝、熏，以及拔丝、蜜汁、挂霜等。对于火候的把握，简直是中国烹饪独有的一门绝技，掌握适当火候，可以使菜肴烹制之程度尽如人意，要嫩就嫩，要酥就酥，要烂就烂。对于菜肴，特别注重美感，讲究色、香、味、形、意的和谐统一，给人以精神和物质高度统一的特殊享受。在菜肴的命名上，中国菜特别强调情趣，吉祥文化渗透到了饮食习俗的各个方面。菜肴命名讲究喜庆吉祥、雅俗共赏，既有根据主料、辅料、调料及烹调方法来命名的，也有根据历史掌故、神话传说、名人食趣、菜肴形象来命名的，如"全家福""将军过桥""狮子头""四喜吉庆""龙凤呈祥""龙穿凤翅"等，不一而足。

（三）饮食方式：家庭聚食，注重礼仪

汉代以前，中国人用餐的方式是把菜盘放在低矮的桌案上来食用。汉代以后，受西域文化的影响，中原地区的人逐渐用高脚桌椅代替了矮桌，由此改变了席地而坐的习惯。

在用餐的形式上，中国家庭大多数时候实行共餐制，即聚食制。聚食制的起源很早，从许多地下文化遗存的发掘中可见，古代炊间和聚食的地方是共用的，炊间在住宅的中央，上有天窗散烟，下有篝火，在火上做饭，就食者围火聚食。这种聚食古俗,一直传至后世。这种习俗在中国沿袭了几千年,之所以如此,是因为它符合中国人重视家族和群体关系的传统,在体现家庭伦理、沟通人际关系等方面起着重要作用。

餐具的使用也是饮食习俗的一个组成部分。中国传统饮食器具以陶器和瓷器为主。此外,也有一定数量的竹、木、玉石和金属器具。

中国古代餐具的种类有瓯、钵(陶制器具,形状像盆而较小)、碗、盘、碟(盛菜或调味品的器皿,比盘子小,底平而浅)、盆、罐等,其中使用频率最高、最被百姓看重的是碗。碗可大可小,对体力劳动者来说,碗以大为佳,俗称"海碗",不仅可以用来吃饭,还可用来喝茶。餐具的形制和规格有大有小,质地也有精有粗,它们在一定程度上反映着当时社会经济发展的水平。自20世纪80年代以后,中国人在家庭中使用的餐具特别是碗的形制发生了明显的变化,主要表现为由大到小,由粗到精,品种也日益多样化。除了具有传统特色的陶瓷制品以外,还有密胺、不锈钢、钢化玻璃等用新型材料制作的餐具。

中餐在饮食方式上的另一特色是使用筷子。筷子是由中国人最早发明和使用的。远古时期,人们直接用手抓取食物,后来为了从羹汤中捞取食物,就发明了筷子。至于发明筷子的时间,目前还难以确定,不过最迟不晚于商周。起初,筷子的名称为"箸",后来,有人认为"箸"与"住"谐音,有停滞的意思,不吉利,于是反过来把"箸"称为"快子"。其后,这一称呼逐渐流行开来,人们又在"快"字上加了"竹"字头,这样就成了今天人们看到的"筷"字。

中国人用筷子有许多礼俗。比如,在有些地区,客人入座后,不能先动筷子。只有等主人握筷并邀请客人用餐之后,客人才可以动筷夹菜,否则就是失礼。客人吃完离席前,要把筷子放在桌上或用筷子示意性地向其他没吃完的人比画一下,并且说:"各位请慢用。"在筷子的用法上,应该避免以下几种情况:一种是主人把菜夹给客人时,客人用筷子在空中把菜接过来;另一种是两个人同时出筷伸向同一个菜盘去夹菜,结果使两双筷子碰撞在一起。

除此之外,中国民间还有"筷礼八忌"的说法。一忌迷筷:举筷不定,东戳西夹。二忌翻筷:用筷翻挖,碗底拣食。三忌刺筷:夹菜不住,改之以刺。四忌涮筷:用筷搅汤,左右捞物。五忌舐筷:放筷于口,吮、吸、舐、舔。六忌剔筷：用筷作签，入嘴剔牙。七忌响筷：用筷敲盆，叮当作响。八忌插筷：筷如双柱，插碗中。其中，尤以"插筷"最受忌讳，因为在很多地区，这种做法只有在为死人祭祀上供时才发生。

就餐礼仪方面，中国人就餐时十分尊敬长辈，长者往往被安排坐在上位或主位，由长者点菜，上菜应先置于长者面前，每道菜应由长者先动筷子。长者说话时其余的人均应放下筷子以示尊重。吃东西时，一般以不发出声音为宜，咀嚼时不要说话，也不能因为好吃便一直夹一道菜等，否则易被人认为是缺乏教养。

第二节　茶文化

中国是茶的原产地，是茶文化的故乡。中华民族是最早发现、栽培、加工和品饮茶的民族。在中国人的文化中，茶不仅是解渴的饮料，更是生活和文化中精致风雅的一部分，在这漫长的制茶、饮茶时光中形成的独特茶文化，成为中华民族五千年文化的精华部分。茶文化涉及面很广，内容也很丰富，既是物质文明的体现，又是精神文明的延伸。

宋代杜耒诗《寒夜》云："寒夜客来茶当酒，竹炉汤沸火初红。"茶源于神农氏，兴于唐朝，其文化融合了儒、道、佛诸派思想，一路发展下来，自成一体，枝繁叶茂。茶，因超越了自身固有的物质属性，迈入一个精神领域，成为一种修养、一种境界的象征。

如今，茶早已成为人们物质生活中的一种饮料，也成了人们精神生活中的一大享受。

一、茶的起源、传播和发展

（一）茶的发现

中国有着悠久的饮茶历史。至迟不晚于西汉，我国即有一部叫作《尔雅》的书记录了有关茶的内容："槚，苦荼。"那时，茶被称作"槚"或"荼"。书中的这处释义，后来被证实是世界上最早的有关茶的记载。所以，中国被公认为世界上最早喝茶的国家。

在中国的文化发展史上，常把一切与农业、植物相关的事物起源归结于神农氏。而中国饮茶起源于神农氏的说法也因民间传说而衍生出不同的观点。有人认为茶是神农氏在野外以锅煮水时偶得的发现。彼时，刚好有几片叶子飘进锅中，煮好的水，其色微黄，入口有生津止渴、提神醒脑之效，神农氏根据尝百草的经验，判断它是一种药。这是有关中国饮茶起源最普遍的说法。另有一种说法则是从语音上加以附会，说神农氏有个"水晶肚子"，从外面可以看见食物在胃肠中移动的情形。当神农氏尝茶时，他发现茶在肚内到处流动，好似巡查一般，把肠胃"洗涤"得干干净净，因此神农氏称这种植物为"查"。这便是茶的前身了。

（二）茶文化的形成与发展

1. 茶文化的形成

巴蜀地区被称为中国茶业和茶文化的历史摇篮。茶文化的形成，与巴蜀地区早期的政治、风俗及茶的饮用有着密切关系。早在先秦时期，巴蜀之茶就被以地方特产的名义作为贡品进献给中央。东晋常璩《华阳国志·巴志》载："武王既克殷，以其宗姬封于巴，爵之以子……丹、漆、茶、蜜……皆纳贡之。"中原地区的饮茶习惯，主要是从四川传入的。西汉末年，王褒的《僮约》写有"烹茶尽具"和"武都买茶，杨氏担荷"。前一句，反映了西汉时不但饮茶已经成为风尚，而且在地主富豪家里，还出现了专门的饮茶器具；后一句，反映了成都附近已出现了茶叶商品市场。明代杨慎《郡国外夷考》记载："《汉志》：葭萌，蜀郡名。萌，音芒。《方言》：蜀人谓茶曰葭萌，盖以茶氏郡也。"这说明早期蜀人已用茶来作为自己的部落和地域名称了，并证明巴蜀在战国之前已形成了一定规模的茶区。

2. 茶文化的发展

魏晋南北朝时期，饮茶风习在中国南部的广大地区得到较为广泛的传播，无论是在皇室贵族、达官贵人、文人学士、道士僧侣中，还是在一般的平民百姓中，都存在饮茶与嗜茶者。茶叶已成为官宦人家和一般士人待客的助兴之物和豪门望族崇尚简朴的一种标志,因而茶叶也就成为君臣与文人学士间的馈赠礼品。茶水的制作方式已有"捣末置瓷器中,以汤浇覆之"(《广雅》)和佐以葱、姜、桂等在锅中煎煮两种方式;茶道文化初露端倪。与此同时,茶树的种植栽培也随之扩散到整个长江流域,甚至更为向南的一些地区,茶业作为一种经济成分已纳入中国南部整个社会经济之中。而南方饮茶风习之所以迟迟未能吹拂北方广大地区,与当时北方整个社会经济发展状况,人们的生存环境、生活习惯、思想意识等有莫大干系。

3. 茶文化的成形

到了唐代,中国茶文化已基本成形,具体表现在以下几个方面:一是有了较丰富的物质基础,茶叶生产、加工有了一定的规模;二是茶叶研究已形成了较为完整的体系,茶事活动由实践开始上升到理论;三是饮茶在精神领域有了较完美的体现方式,如茶道、茶礼的形成,茶文化与中国的儒、释、道诸派哲学思想紧密结合;四是有较多的茶文化著作和茶诗茶画作品产生等;五是作为上层建筑的茶政开始出现。

在这一时期,世界第一部茶文化专著——《茶经》问世,它由唐代陆羽所著,成书于公元780年左右。《茶经》内容十分丰富,是一本茶叶百科全书。它涉及生物学、栽培学、制茶学、分类学、生态学、数理学等,还记载了唐代以前有关茶的不同神话、寓言、诗赋等内容,是中国乃至世界文化宝库中的珍品。

4. 茶文化的鼎盛

自宋代至明初,中国茶文化的发展可以说到了鼎盛时期。因此,人们说"茶兴于唐,盛于宋"。在这一时期,茶叶产品开始由团茶发展为散茶,出现了饼茶、散茶、末茶等,打破了团茶一统天下的局面。茶区也大面积地进行南移,使茶叶上市提前了一个月。这一历史时期的茶文化空前繁荣,宋徽宗赵佶在大观元年(1107)亲著《大观茶论》一书。到元代、明代,中国传统的制茶方法已基本出现,同时更多的文人置身于茶,如文徵明创作了《惠山茶会图》《品茶图》,唐寅创作了《烹茶画卷》和《事茗图》等传世作品。

到了清代,茶与人们的日常生活更加紧密结合起来。例如,清末民初,城市茶馆兴起,并发展成为适合社会各阶层所需的活动场所,它把茶与曲艺、诗会、戏剧和灯谜等文化活动融合在一起，形成了一种特殊的"茶馆文化"。"客来敬茶"也已成为普通人家的常见礼仪。由于茶叶制作技术的发展，现今的六大茶类在清代基本形成，除最初的绿茶之外，新增白茶、黄茶、红茶、黑茶、青茶（乌龙茶）。茶类的增多，催生了不同的泡茶技艺，又加上中国地域和民族的差异，使茶文化的表现形式更加丰富多彩。

（三）中国茶的传播路线

作为一种经济作物，茶由中国传播到世界各地。茶的传播路线较多，如始于西汉，从甘肃、新疆经中亚、西亚，连接地中海各国的陆上"丝绸之路"；始于唐代、盛于明清，经中国西南至南亚、西亚、东南亚等地区的"茶马古道"；为与欧美各国进行海上茶叶贸易，开创于清朝初期，由武夷山等中国东南茶区至俄罗斯的"万里茶路"。这些著名的茶路、茶事的形成与发生，都与以贸易为主的商业行为有关。

自汉代张骞通西域、开拓"丝绸之路"以后，唐初长安（即今西安）已成为中外文化、经济交流的重要城市。此时中原各地饮茶之风盛行，许多阿拉伯商人在进行丝绸、瓷器贸易的同时，也将茶叶带回国。饮茶文化由此在中亚以及西亚一带传播开来。

唐德宗贞元二十年（804），日本僧人最澄到中国求法，归国时带去茶籽，种在日本滋贺县。明代郑和七次下西洋，经越南、印度、斯里兰卡、阿拉伯半岛，最后到达非洲东岸，其在加强同这些地区贸易往来的同时，也大大增加了茶叶的出口量。这条经过南亚诸国，将中国茶叶传入西亚、欧洲、非洲的路径，有人称它为"海上茶叶之路"。

17世纪初，荷兰人从中国澳门贩茶到印度尼西亚，并将茶叶带往欧洲。其后，荷兰人又从中国贩运茶叶至北美。从17世纪初到19世纪后期，中国一直是世界各国茶叶的供应者，茶叶传播遍及全球。

二、茶叶的分类与制作

茶叶作为一种商品必须有名称，每一种茶叶应有各自的名字作为标志。然而我国茶叶生产分布面较广，茶叶品种繁多，而且各品种的制法又不是唯一的，因此，各种成品茶叶的名字就相当多。那么对于这样众多的茶叶，必须予以分类，才便于了解各种茶叶不同的品质特点。

（一）茶叶的命名

茶叶的命名方式各异，多带有描述性。

（1）以形状命名：珍眉、瓜片、紫笋、雀舌、松针、毛峰、毛尖、银峰等。

（2）以香味命名：十里香、香橼、吓煞人香等。

（3）以采摘时期命名：探春、次春、雨前、春尖、秋香、冬片等。

（4）以制茶技术命名：炒青、烘青、蒸青等。

（5）依品种命名：乌龙、水仙、铁观音、毛蟹、大红袍等。

（6）因销路命名：内销茶、外销茶、边销茶等。

（7）以产地命名：一般多为特种名茶，如六安瓜片、杭州龙井、洞庭碧螺春、武夷岩茶、信阳毛尖、黄山毛峰等。

（二）茶叶的制作工艺

不同品类的茶的制作工艺略有区别，现就其主要工艺进行简要介绍。

1. 采青

采青，即采摘新鲜茶叶。刚采摘下来的新鲜茶叶称作"茶青"。茶叶采摘的好坏，不仅关系到茶叶质量、产量和经济效益，而且关系到茶树的生长发育和经济寿命的长短。所以在茶叶生产过程中，茶叶采摘具有特别重要的意义。茶叶采摘的方式主要有两种，即手工采茶和机械采茶。

2. 萎凋

人们把茶青均匀摊晾，利用适当的温度和湿度使其水分渐渐散失，促使茶青中的化学成分部分氧化，这就是萎凋。茶青萎凋后，由脆硬变得柔软，散发出浓郁的香气。

3. 发酵

茶青中含有很多氧化酶，如果我们让茶青所含的水分减少，并把它完全暴露在空气中，再加上热量的作用，氧化酶就会促使茶青中的化学成分发生氧化,这个过程叫作"发酵"。发酵会让茶青的颜色、气味和滋味发生变化。发酵在不同品种的茶的制作中有不同的名字:做黄茶时,称为"闷黄";做黑茶时,叫作"渥堆";做青茶时,称为"做青";只有做红茶时,才称为"发酵"。这是因为制作不同的茶,发酵方法和时机都不尽相同。

完成了以上工序,再通过烘、炒、晒等方法对茶叶进行干燥后,粗制茶就做好了。粗制茶里含有茶末、茶梗等许多杂质,加上茶叶本身也有粗有细,所以品相很不好。人们为了提升口感和观感,还要把粗制茶里的杂质去掉,再将粗茶剪细,之后就可以根据茶的品质分出等级。完成这些步骤,精制茶便做好了。

(三)中国的六大茶类

茶叶品种繁多,中国茶叶大致可分为六大类,即绿茶、黄茶、白茶、青茶(乌龙茶)、黑茶和红茶。

1. 绿茶

绿茶属于不发酵茶,是历史上最早的茶类,因其干茶色泽和冲泡后的茶汤、叶底以绿色为主调而得名。在绿茶的制作过程中,没有发酵这一工序,其是以适宜的茶树新梢为原料,经杀青、揉捻、干燥等典型工艺过程制成。绿茶产量居我国六大茶类之首,因杀青和干燥方法不同,可以分为炒青绿茶、蒸青绿茶、烘青绿茶以及晒青绿茶。目前,我国的各个省份都有绿茶的生产,尤其是以安徽、湖北、湖南、江西、贵州、浙江等地居多。

绿茶最大的特性即较多地保留了鲜叶内的天然物质。相较其他茶叶而言,绿茶中的茶多酚、咖啡因、叶绿素留存较多,维生素损失较少,从而形成了"清汤绿叶,滋味收敛性强"的特点。中国绿茶名品很多,不但香高味长,品质优异,且造型独特,具有较高的艺术欣赏价值。同时,绿茶又是生产花茶的主要原料。西湖龙井,是绿茶的主要代表,位列中国十大名茶之首。

2. 黄茶

黄茶也是我国特有的茶类,属于轻微发酵茶。黄茶最大的特点就是"黄汤黄叶",这得益于其独特的制作工艺。黄茶目前多产于安徽、湖南、湖北、江西、四川、广东等地。在制作绿茶的过程中,人们发现,当杀青、揉捻后干燥不足或不及时，叶色会变黄，于是产生了新的品类——黄茶。黄茶的制作与绿茶大体一致，仅多一道闷黄工序。闷黄，是黄茶制法的主要特点，也是它同绿茶的基本区别。

黄茶，按其鲜叶的嫩度和芽叶大小，分为黄芽茶、黄小茶和黄大茶三类。黄芽茶主要有君山银针、蒙顶黄芽和霍山黄芽；黄小茶主要有北港毛尖、沩山毛尖、远安鹿苑茶、皖西黄小茶、平阳黄汤等；黄大茶有安徽霍山、金寨、岳西和湖北英山所产的黄茶和广东大叶青等。

3. 白茶

白茶属于轻微发酵茶，为我国茶类的珍品。其因成品茶多为芽头，满披白毫，如银似雪而得名。白茶的生产是在嘉庆年间开始的，主要是采摘芽茶制成银针，在制作过程中不炒不揉，只经过文火干燥或晾晒而成。白茶多产于福建省，以福鼎、政和、建阳、松溪等地居多，它的主要制成品为白毫银针、白牡丹、贡眉以及新工艺白茶。白茶按照茶树品种以及鲜叶采摘的不同可以分为芽茶和叶茶两类，芽茶的代表是白毫银针，叶茶的代表是白牡丹、贡眉。

4. 青茶（乌龙茶）

青茶（乌龙茶）属于半发酵茶，是独具鲜明特色的茶叶品类，既有绿茶的清香，又有红茶的浓郁。茶叶冲泡后，叶片中间呈绿色，边缘有明显的红边，因此有"绿叶红镶边"的美称。品尝后齿颊留香，回味甘鲜。乌龙茶是经过杀青、萎凋、摇青、半发酵、烘焙等工序后制出的品质优异的茶类。乌龙茶由宋代贡茶龙团、凤饼演变而来，正式创制于清雍正年间。乌龙茶因有助于分解脂肪，还被称为"美容茶""健美茶"。乌龙茶为中国特有的茶类，起源于中国福建，主要产于福建、广东、台湾三个省。绿茶和乌龙茶是由同一种茶青生产出来的，最大的差别在于有没有经过发酵这个过程。

5. 黑茶

黑茶属于后发酵茶，是我国特有的茶类。其在鲜叶选料等工艺流程和对色泽、品质的要求上，都具有其独特的标准。黑茶历史悠久，主要是采用粗老的原料制作而成。它的加工工序主要包括杀青、揉捻、渥堆、干燥等。其中渥堆是影响黑茶品质的关键工序，毛茶的色泽于此时由绿逐渐变黑（成品团块茶叶的色泽呈黑褐色），并形成了茶品的独特风味，这也是黑茶名称之由来。目前，黑茶产区主要分布在湖南、湖北、云南、广西、四川等地，主要的品种有湖南的黑毛茶、湖北的老青茶、云南的普洱茶以及广西的六堡茶。

6. 红茶

红茶属于全发酵茶，因干茶色泽与冲泡的茶汤以红色为主调而得名。它的制作方法主要是从绿茶、白茶的制法演变而来的。红茶以适宜鲜叶为原料，经萎凋、揉捻、发酵、干燥等典型工艺过程精制而成。红茶在刚开始创制时被称为"乌茶"。在红茶的加工过程中，鲜叶中的化学成分变化较大，茶多酚含量锐减，产生了茶黄素等新成分，香气物质大增，从而形成了红汤红叶和香甜味醇的品质特征。红茶起源于福建省武夷山一带，目前集中分布在海南、广东、福建、湖南、台湾、安徽、浙江等地。

三、茶的品饮艺术

（一）水为茶母

水是茶的载体，用好水泡茶，才能闻到茶的清香，尝到茶的甘醇，赏玩茶汤的美好色泽，所以选水很重要。历代鉴水专家对水的判断原则并不一致，但它们有许多共同之处，归纳后主要是"清、轻、甘、活、洌"五方面。

清，即水质需要清洁，没有肉眼可见之杂物。饮用水应当质地洁净，这是生活中的常识，烹茶用水更应澄澈无垢。清人陆廷灿著《续茶经》称："养水须置石子于瓮，不惟益水，而白石清泉，会心亦不在远。"无论从视觉、味觉、卫生学角度，还是从营养学角度来看，清水都是优于浊水的。为了获取清洁的水，除了选择泉水之外，古人想了很多澄水、养水、滤水的办法，比如明人罗廪在《茶解》中说："大瓮满贮，投伏龙肝一块——即灶中心赤土也——乘热收之。"这是灶心土净水法。明代田艺蘅在《煮泉小品》中说："移水取石子置瓶中，虽养其味，亦可澄水，令之不淆……择水中洁净白石，带泉煮之，尤妙，尤妙！"这是以石养水法。陆羽《茶经·四之器》中所列的茶具漉水囊，就是饮茶煎水前用来过滤水中杂质的。

轻，即水质纯净，密度低。古人所说水之"轻、重"类似今人所说的"软水、硬水"。不过古人凭感官来判断，而今人靠的是化学分析仪器。硬水，是指含有较多钙、镁离子的水。清代的陆以湉在其所著的《冷庐杂识》中记录了乾隆皇帝称量泉水的故事：乾隆每次出巡的时候，都会带着一只精制银斗，以便于"精量各地泉水"。他按照水的密度将水从轻到重排序，并认为水越轻，水的质量就越好。

甘，即水味要甜美，无苦涩感。宋代诗人杨万里有"下山汲井得甘冷"的句子，所谓甘就是水一入口，舌和两颊之间会产生甜滋滋的感觉。甘甜醇美的优质水，能更好激出茶的味道。"水泉不甘，能损茶味。"这是宋代蔡襄在其所著的《茶录》中提出的观点。明代田艺蘅在其所著的《煮泉小品》中也曾说过："味美者曰甘泉，气芳者曰香泉。"由此可见，烹茶之水贵在甘甜，只有甘甜的水才能够使茶烹出清香鲜美的味道。

活，即水源要活。古人对泡茶用水的选择，讲究水要甘洁而清活，尤其强调用活水。唐代陆羽在《茶经·五之煮》中云："其水，用山水上，江水中，井水下。其山水，拣乳泉、石池慢流者上。"泡茶用流水中的上品——山泉最佳。苏东坡曾在其所著的《汲江煎茶》诗中写道："活水还须活火烹，自临钓石取深清。"烹茶用水，以"活"为贵，因为"活"代表着有生机、有活力，活水能冲出茶的芳香之气。

冽，即水的温度要低。冽指水从岩层浸出，水温冷寒。用寒冷的雪水、冰水煮茶，茶汤滋味更佳。

（二）器为茶父

一杯好茶，不仅需要好茶叶、好水，还需要好的茶具。茶具的选择既能体现出不同的品位，又能带给我们不一样的感受。西汉辞赋家王褒《僮约》有"烹茶尽具"之说，这是我国最早提到"茶具"的一条史料。

1. 茶具的种类、特点与性质

陶土器具是新石器时代的重要发明，最初是粗制土陶，然后逐渐演变成比较坚实的硬陶和彩釉陶。陶土茶具的佼佼者当属紫砂茶具。紫砂壶造型美观大方，质地淳朴古雅，透气性强，保温性能好，且能蓄留香味。

瓷器茶具的发明和使用稍迟于陶土茶具，主要有白瓷、青瓷、黑瓷。瓷器吸水性弱，音清而韵长，以白为贵，便于观察茶汤色泽，传热、保温性适中，不会与茶发生化学反应，用之泡茶能获得较好的色香味，且造型美观精巧，适合用来冲泡轻发酵、重香气的茶品种，如文山包种茶。

漆器茶具表面涂有采用天然漆树汁液制成的特殊涂料。漆器茶具表面晶莹光洁，常嵌金填银，描龙画凤，光彩照人。其质轻且坚，散热缓慢。

竹编茶具来源广，制作方便，一直备受欢迎。但竹编茶具易损坏，不能长时间使用，无法长久保存。竹编茶具由内胎和外套组成，内胎多为陶瓷类茶具，外套用精选慈竹制成柔软竹丝，经烤色、染色，再按茶具内胎形状、大小编织嵌合，使之成为整体如一的茶具。

玻璃茶具质地透明，光彩夺目，可塑性强，造型多样且价格低廉，深受人们的欢迎。用玻璃茶具泡茶时，可直接观察杯中茶叶缓缓舒展浮动以及茶汁慢慢浸出的过程，便于欣赏茶汤的鲜艳色泽，增添品味之趣。

2. 茶艺实用茶具

茶壶：主要用于泡茶，也有直接用小茶壶来泡茶、盛茶以及独自酌饮的。选择茶壶时，一要看壶嘴、壶口与壶把顶部是否呈"三平"，或虽突破"三平"但仍不失稳重，唯把顶略高；二要看壶在侧提时，是否易于掌握重心；三要看壶嘴出水是否流畅，壶身是否漏水，壶嘴是否可断水且无余水沿壶外壁滴落。

盖碗（杯）：盖碗（杯）是一种上有盖、下有托、中有碗的茶具，又称三才杯——盖为天、托为地、碗为人。盖碗（杯）既可直接泡茶独饮，也可泡茶分饮。

茶海：又称茶盅，用于盛放泡好的茶汤及分茶，因有均分茶汤的功能，亦称公道杯。一壶茶泡好之后先倒入茶海中，以免茶壶里的茶叶浸泡过久。配合网筛可滤去茶渣和茶末。茶海的形状和色彩应与茶壶搭配得当，容量与壶相当，也可扩大到壶的 1.5~2 倍，以便于混合茶汤。此外，茶海的断水功能一定要好。

茶杯：盛放泡好的茶汤并饮用的器具。茶杯的大小、容量要与壶匹配。杯口、杯身需平整，杯外色泽与壶一致，内壁一般用白色。

闻香杯：茶汤倒入品茗杯后，闻嗅留在杯里的香气之器具。

杯托：茶杯的垫底器具。杯托须易取、稳妥和不与杯黏合。杯托中心应呈凹形圆，大小正好与杯底圈足相吻合。

茶船：放茶壶的垫底茶具，既可增加美观度，又可防止茶壶烫伤桌面。茶船围沿要大于壶体的最宽处，若有夹层，其容水量至少是茶壶容水量的 2 倍，但也不可以过大,应与茶壶比例协调。

(三)泡茶程序

茶的冲泡方法有简有繁,要根据具体情况并结合茶性而定。此外,各地由于饮茶嗜好、地方风习的不同,冲泡方法和程序会有一些差异。但不论泡茶技艺如何变化,冲泡任何一种茶,除了备茶、选水、烧水、配具之外,都共同遵守如下泡茶程序。

1. 温具

用热水冲淋茶壶,包括壶嘴、壶盖,同时烫淋茶杯,随即将茶壶、茶杯沥干。其目的是提高茶具温度,使茶叶冲泡后温度相对稳定,这对较粗老茶叶的冲泡尤为重要。

2. 置茶

按茶壶或茶杯的大小,置放一定数量的茶叶入壶(杯)。如果用盖碗泡茶,那么泡好后可直接饮用。

3. 冲泡

置茶入壶(杯)后,按照茶与水的比例,将开水冲入壶中。冲水时,除乌龙茶冲水须溢出壶口、壶嘴外,通常以冲水八分满为宜。

4. 奉茶

奉茶时,主人要面带笑容,最好用茶盘托着送给客人。如果直接用茶杯奉茶,宜放置在客人身前或身边的茶几上。一般用双手奉茶并说"请",以示敬意。

5. 赏茶

茶叶初经冲泡,不可急于饮用,应先观色察形,接着端杯闻香,再啜汤赏味。

6. 续水

一般当已饮去三分之二的茶汤时,就应续水入壶(杯);全部饮尽时才续水,新茶汤往往淡而无味。续水两三次后,应该重新冲泡。

四、中国的茶俗文化

茶俗是我国民间风俗的一种,是中华民族传统文化的积淀,折射了人们心态,有较明显的地域特征和民族特征。它以茶事活动为中心,贯穿于人们的生活中,并且在传统的基础上不断演变,成为人们文化生活的一部分,内容丰富,异彩纷呈。

(一)日常交往的茶俗:以茶待客之道

中国自古就有以茶待客的礼仪,古时有客来访,待客人落座,主人或主人家专司接待的仆人就会为客人上茶。如果客人较少,应用双手将茶杯连同杯托一同递给客人(最好用茶盘托着),或是放在其身前或身边的茶几上,随后再说一个"请"字。若是客人较多,则应按照礼仪顺序,依据先客人后主人、先主宾后次宾的次序上茶。在交谈过程中,要热情主动斟茶续水,但不能沏得杯满欲溢。

(二)婚姻中的茶俗:茶的美好寓意

唐时,饮茶之风已颇为盛行,时人贵茶,茶叶成为婚礼中不可少的礼品。宋时,茶成为男子向女子求婚时的重要聘礼。至元明时,"茶礼"几乎为婚姻的代名词。女方接受男方茶礼便成合乎道德的婚姻。清朝仍保留茶礼的观念,有"好女不吃两家茶"之说。古时,茶树移植较难成活,有茶性不二移之说,古人便以茶象征忠贞不移。如今,我国许多地区仍把订婚、结婚称为"受茶""吃茶",把订婚的礼金称为"茶金",把彩礼称为"茶礼"等。在婚礼中以茶为礼的风俗,也普遍流行于各民族。蒙古族、回族、满族、哈萨克族订婚时,男方给女方的礼品都有茶叶。回族称订婚为"定茶",满族称之为"下茶"。此外,婚礼中应用茶的场合还有许多,如新郎、新娘喝"交杯茶",或向父母尊长敬献"谢恩茶""认亲茶"等。总之,从古到今,我国的许多地方,在缔结婚姻的每一个过程中,往往都离不开茶的应用。

（三）祭祀中的茶礼：茶为高洁之物

茶为高洁之物，最适宜敬奉神仙祖宗。我国以茶为祭，大致是在南北朝时逐渐兴起的。南朝齐武帝萧赜永明十一年（493）遗诏说："我灵上慎勿以牲为祭，唯设饼、茶饮、干饭、酒脯而已，天下贵贱，咸同此制。"齐武帝萧赜是南朝比较节俭的统治者之一，他提倡以茶为祭，把民间的礼俗吸收到统治阶级的丧礼中，并鼓励和推广了这种制度。把茶用作丧事祭品，只是祭礼的一种。古代用茶作祭，一般有这样三种形式：在茶碗、茶盏中注以茶水；不煮泡，只放以干茶；不放茶，久置茶壶、茶盅作象征。

如今，在民间依然保留着以茶作祭的习惯。在寺庙，为佛祖敬一杯清茶是许多善男信女初一、十五常做之事。祭祀故去的祖先，也多有献茶的环节。

（四）丧葬中的茶俗

茶还是中国的丧葬习俗中的重要"信物"。在中国湖南某些地区，旧时盛行棺木葬时，死者的枕头常用茶叶作为填充料，称为"茶叶枕头"。茶叶枕头的枕套用白布制作，呈三角形，内部用茶叶填满（大多用粗茶叶）。以茶作枕，一是象征死者爱茶并供其在阴曹地府"饮用"；二是为了消除异味。在我国江苏的某些地区，死者入殓时，会先在棺材底撒上一层茶叶、米粒，至出殡盖棺时再撒上一层茶叶、米粒，其用意主要是干燥、除味，以利遗体的保存。丧葬中的茶礼茶俗，是对茶叶效用的"引申"，虽然存在封建迷信的色彩，但也能反映出茶在中国的重要地位。

五、中国茶道

中国茶道所蕴涵的精神内涵，无疑是我国优秀传统文化的重要组成。我国传统的人文精神根植于儒、释、道糅合的土壤之中，因此，中国茶道的精神内涵也自然把儒、释、道诸派崇尚的"和、静、怡、真"作为一个整体加以体现，即品茶人在茶事活动的深入展开中，让升华出的精神需求融入传统的哲理道德、人伦品格之中，通过茶事的升华，来修身养性，陶冶情操，品味人生，从而达到精神上的享受和人格上的澡雪。

和，是中国哲学思想的核心，是《周易》中"保合太和"的精髓，亦是茶道之魂，做人之本。和在儒家学说中被体现为"中庸之道"，即适度适宜，一切恰到好处。在处世为人上讲究"礼之用，和为贵"（《伦语·学而》），要和衷共济，谦恭待人。一言以蔽之，要"天人合一"，达到人与自然的和谐。因此，从"和"上延伸出的伦理之和、美学之和、养生之和、处世之和，也便成了茶者崇尚的行为规范。

静，是中国茶道修习的必由之路，是品茶人灵魂之凭借。老子提倡要"守静笃"，而白居易则谓"静养和与真"，苏轼更是把静作为修身养性、淡泊明志的首义。是以，"茶需静品"的理论与实践便呼之欲出。"正则静，静则明，明则虚，虚则无为而无不为也。"（《庄子》）

怡，是愉悦和享受。这是品茶人精神之必需。茶既能养生又兼醒神，在品之过程中，与人之生理感受融为一体，即融汇了生理上的快感与精神上的舒适。"茶醉"之时，亦有心旷神怡、物我两忘之感，这种精神体验在我国大量的文学作品中都有表现，是国人精神放达的最大化。

真，不仅是我国传统的儒家修身之要义，亦是中国茶道的终极追求。这其中的真，不仅茶要真茶真香真味，环境要真山真水真月，茶具要真壶真杯真瓷，而且饮茶人也要真情真意真实。品茶人还要"守真、养真、藏真"，这样才能通过修习茶道，实现淡泊明志、宁静致远，打造人格的本真和心灵的"真善美"，感悟人生的真谛。

茶文化的内涵其实就是中国传统文化内涵的一种具体表现。中国素有礼仪之邦之称，茶文化的内涵即是沏茶、闻茶、品茶等程式和中华文化相结合而形成的一种具有鲜明中国传统文化特征的文化现象。礼在中国古代用于定亲疏、决嫌疑、别同异、明是非。在长期的历史发展中，礼作为中国社会的道德规范和生活准则，对中华民族精神素质的修养起了重要作用；同时，随着社会的变革和发展，礼不断被赋予新的内容，和中国社会生活中的一些习惯与形式相融合，形成了各类具有中国特色的文化现象。茶文化是中国具有代表性的传统文化。

个案研究一：川南食俗——豆粥和豆渣

文/康君

我们今天就先说说豆粥。家乡的豆类很多，如绿豆、胡豆（蚕豆）、豌豆、四季豆……我们说说黄豆粥。

首先，我们看看清代罗江县（今属绵阳）诗人李调元对豆类食品豆花、豆腐等的描述，来了解一下古人是怎么以此为食的。

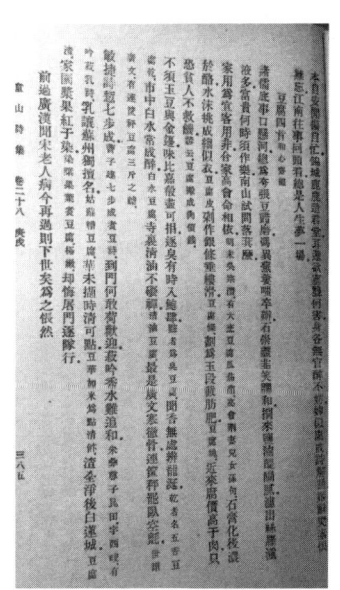

李调元诗集书影（作者供图）

《豆腐四首》其一："诸儒底事口悬河，总为夸张豆踏磨。冯异芜蒌嗟卒办，石崇齑韭笑调和。捆来盐卤醍醐腻，滤出丝浑液多。富贵何时须作乐，南山试问落箕么。"

这首诗提到了两个与豆粥有关的故事，一是汉朝冯异为出游在外、饥肠辘辘的汉光武帝献上豆粥，二是晋朝的石崇用豆粥宴客。冯异的豆粥不知道是如何做的。石崇家的豆粥煮得太快了，客人很惊讶（因为豆类很难在短时间煮熟），就买通他家的仆人，才知道石崇家是预先将熟豆打成沫，再将其加入粥中熬煮。诗的最后一句说起了陶公（渊明），问他是否曾在南山种豆。

文人们喜欢谈论豆类食品吗？是的，宋朝苏轼便是明例，以他的名字命名的豆腐菜就有著名的"东坡豆腐"。这样，按今天的说法，豆类食品已上升到了"文化"的层次。当然，饮食本来就是一种文化。作为美食家的苏轼还写有一首诗谈到了豆粥，这首诗名为《豆粥》，流传至今。

《豆粥》："君不见滹沱流澌车折轴，公孙仓皇奉豆粥。湿薪破灶自燎衣，饥寒顿解刘文叔。又不见金谷敲冰草木春，帐下烹煎皆美人。萍齑豆粥不传法，咄嗟而办石季伦。干戈未解身如寄，声色相缠心已醉。身心颠倒自不知，更识人间有真味。岂如江头千顷雪色芦，茅檐出没晨烟孤。地碓舂秔光似玉，沙瓶煮豆软如酥。我老此身无着处，卖书来问东家住。卧听鸡鸣粥熟时，蓬头曳履君家去。"

这首诗中，苏轼也提到了冯异（公孙）献豆粥、石崇（石季伦）待客的故事。苏轼提到的豆粥是作为早餐的。他很落魄，借住在别人家，一大早就拖着鞋、蓬着头去主人家"蹭"豆粥饭。

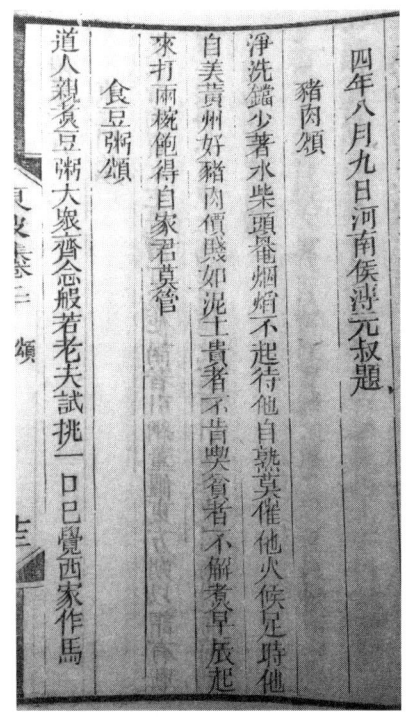

苏东坡《食豆粥颂》（作者供图）

苏轼还将吃豆粥提升到"参禅"的境界。《食豆粥颂》："道人亲煮豆粥，大众齐念般若。老夫试挑一口，已觉西家作马。"

诗人的意思是，真是赶巧了，能够吃到道人亲煮的豆粥，大家不禁念起了"般若"。这是不是有点像念"阿弥陀佛"的情景？

我们再来看李调元的诗。《豆腐四首》其二："家用为宜客用非，合家高会命相依。石膏化后浓于酪，水沫挑成皱似衣（豆腐皮）。剁作银条垂缕滑（豆腐条），划为玉段截肪肥（豆腐块）。近来腐价高于肉，只恐贫人不救饥。"

李家点豆花用的是石膏。他认为豆腐皮、豆腐条、豆腐块看起来虽然非常好，但只宜作为家常菜，用来招待宾客是不适合的。这些豆制品是穷人救饥的食品，但是近来豆腐价高于肉价，只怕穷人是吃不起了。

熏豆渣是我小时候爱吃的零食之一。吃了豆花以后，以剩下的豆渣来做菜在我的家乡还是很时兴的。因为，在物资贫乏的年代，豆渣便是充饥的良品。点豆花时，沥完豆浆，剩下的豆渣扔了可惜，用来吃是很自然的事。豆渣主要有两种吃法：熏豆渣和炒豆渣。

豆渣菜（作者供图）

只是今天，打豆子的石磨成了"古董"，人们改用机器来打黄豆，豆渣大都成了家畜的饲料。豆渣菜已成为我们对过去生活的回忆，因为很少有人会吃豆渣了。

熏豆渣的做法很简单，但只能在气温比较低的季节进行，气温高了豆渣就会长霉。大人们将豆渣收在一起，放点盐，混入少量花椒、海椒面或者豆瓣酱，再将其捏成团，用稻草拴起，吊在土灶火门上面，借助柴草燃烧的热烟熏制。我们小孩子在大人煮饭时，常常是充当"火头军"的角色，往灶里添柴烧火，望着那豆渣团，往往迫不及待，不时掰下一块放进嘴里，也不管烟灰，吃得有滋有味。湿的豆渣，不大好吃，那种熏干了的才有嚼头。为了尽快熏干，我们故意把柴草放在灶火门边，让火苗蹿起来直接烤。

我们再继续看李调元的诗。

《豆腐四首》其四："敏捷诗惭七步成，到门何敢荷欢迎。苡吟秀水难追和，乳让苏州独擅名。华未撷时清可点，渣全净后白莲城。家园浆果红于染，却悔屠门逐队行。"

这首诗，讲了曹植七步成诗的故事，这自然是与豆子有关的；讲了苏州糟豆腐的著名；还讲了用浆果叶煮的豆腐，豆腐极嫩，使诗人后悔在肉市排队买肉了。作者对它们的喜欢溢于言表。"渣全净后白莲城"，这里的"渣"指豆腐渣，也就是豆渣。据古书介绍，豆渣又名豆云、豆腐渣，比较知名的菜品有豆渣鸭子、豆云牛筋、炒雪花泥、豆云蹄筋、豆渣鸭球等，这些佳肴处理豆渣的方法很特别，是笔者此前闻所未闻的。

家乡炒豆渣的做法最简单不过，一般以莲花白（即甘蓝）来炒，放一点油，加点豆瓣酱，吃起来没有特别的味道，豆渣满口钻。依今天的眼光看来，真算不上美味！

所以，把豆渣说成家乡的美食之一，可能许多人都不认可，甚至我也不这么认为。不过，吃过豆渣菜的人们，对豆渣菜却有着特殊的情感。

老家观音寺的小陈就是其中之一，她虽然很小就离开故乡求学、工作，安家在外地，但她说，豆渣在当年作为充饥的食物，总比谷糠馍好咽些，也更好消化些。小时候的艰苦生活，丝毫没影响她对家乡满腔的热爱之情。她热心公益事业，资助贫困学生，为年老病弱者办实事，也特别关注家乡的风土人情。我们谈到家乡的特色饮食，一致认为乏善可陈。而豆渣菜不过是童年记忆的一种。她说，她工作的地方，有一道名菜，当地政府积极宣传推广，加上做工讲究，使之名声大噪，俨然成为当地的一大特色餐饮文化名片，这道菜就叫"豆渣菜"。

我一听，这不是炒豆渣吗？其实不然。其基本做法是用豆渣和豆汁，加上青豆、嫩南瓜或者南瓜花等食材，以及花椒、香油等作料烹制而成。听起来很简单，但是实际操作非常复杂，对食材的要求特别高——花椒必须是指定产地的，青豆和南瓜必须是时令节气正常生长的，大棚种植的蔬菜皆不取。因为时令性很强，能够吃到很不容易。至于烹调方法，据说非常难，不是短时间能学会的，她也是学了很久，并不断实践才掌握了其中的诀窍。这种豆渣菜既可作为炒菜，又能作为汤菜，单看其绿油油的颜色，就让人不敢相信这是以豆渣作为主要食材做成的菜品。

真没想到微不足道的豆渣居然能烹饪出如此美味！

小时候，用豆渣煮豆粥饭，我好像没有印象。如今，熏豆渣几乎不可见，它的味道更是久违了，那种干香、麻辣的味道只存在记忆中；莲花白炒豆渣菜也一样，多年未曾吃过了。偶尔，我们也煮豆粥饭，但那是用豆浆机打出豆浆后沥出来的豆渣和上大米一起煮的粥，里面的豆渣很细，可喜的是还有着我们小时候吃过的豆渣的味道呢。

个案研究二：川南食俗——羊肉汤

文/康君

我的家乡地处丘陵，山地颇多，植被繁茂，自古以来，放养山羊就是一项重要的副业，而烹制羊肉也成了地方美味的一大特色。在寒冷的冬季，热闹的逢场天，喝上一碗雪白的羊肉汤，不但御寒，而且补身体。家乡现在还保留着"冬至喝羊肉汤"的传统，老年人说，在这一天喝羊肉汤，一个冬天都不会怕冷。

俗话说："美味不过鱼和羊。"这得从一个字说起："鲜"。"鲜"字最初其实只是鱼的名字，《说文解字》："鲜，鱼名，出貊国。"但是民间的解读把它分成鱼、羊两个字，二者结合构成了味觉的一种体验。知道为什么在熬制高汤的时候，往往要加入鲫鱼吗？鲜味就是这样来的。

羊肉的做法，在我的印象中其实不多，很多年前，下馆子最常见的搭配无非是碎花羊肉加一盆羊肉汤。

做碎花羊肉，要选里脊肉，不能用其他部位的，肉要切碎；要用青色的细芹菜，不能用白色的、粗的，菜要切细。再烹以大火，炒出来的味道才又香又脆，大人小孩都喜欢。碎花羊肉可以说是下羊肉汤馆的必点菜品，在很远的地方都能闻到羊肉混合着芹菜清香形成的特别香味。

羊肉汤无疑是所有羊肉菜品中的集大成之作。高家场周边的羊肉汤各有特点，往东的简阳县（今简阳市）的三岔坝羊肉汤，1990年前后，我和拙荆曾去吃过，大概点了一斤，她只吃了几片，大部分被我连汤一起吃光了。那时候，她刚到我们这里，还不大习惯羊肉的味道，现在，她已是烹制羊肉汤的能手了。

在文宫镇读书时，冬天天气寒冷，几位同学邀约一起吃羊肉汤是比较实惠的选择，因为家乡的羊肉并不太贵。鳌陵场的"廖麻子羊肉汤"是周边最受欢迎的店铺，只是现在鳌陵场似乎没有人能够传承这个招牌了。民间传说，店外古井的水质特殊，才会有那么美味的羊肉汤，离开了那口井，味道似乎就不太一样了。

记得当年小女曾由她奶奶带着去鳌陵场吃羊肉汤，等待的时候，她用稚嫩的声音大声问："廖麻子羊肉汤还没有煮好哦？"她奶奶很尴尬，因为掌厨的廖掌柜岁数已然不年轻了。她奶奶回家，谈起这件事，还觉得非常好笑！也可见当年这个品牌的知名度。坊间甚至传说，不少要员和名人曾专门去鳌陵场吃羊肉汤。这一点我倒是相信，因为鳌陵场仅此一家，味道自然是很好的，否则不可能连竞争对手都没有。

当然，饮食在各个时代有各个时代的特征。随着羊的品种以及环境、气候等的改变，我想，即使还是在鳌陵场，仍用那古井里的水，也不一定还能熬制出当年的那种味道。

现在，我们在高家场吃到的羊肉花样特别多：羊肉香肠、红烧羊蹄、霸王羊腿、火爆羊肝、凉拌羊耳、干煸羊肉……这些在十多年前是很少见到的，反映出经营者的用心和创新。据说，有的经营者还得到了廖氏的真传。其中的霸王羊腿最为经典，因为一头羊只有后腿可用，要吃这个菜需事先预定。其烹调方法是先用特制的卤水卤好羊腿，然后入高温油锅炸酥，再炒料浇汁。我想，凉拌羊耳肯定更加稀缺，毕竟一头羊只有两只小小的耳朵。

现在的羊肉汤的烹制方法已经有了不少改进，各店家似乎都有不同的秘制配方，可谓百花齐放，这从每年召开的各种"羊肉节"热闹的场面可见一斑。普通人家也大多会自己烹调，只是本地以浓汤为主，很少有清炖羊肉。我在川东的隆昌市吃过几次清炖羊肉，那里即使是在三伏天也要喝羊肉汤。我大哥在那里生活多年，虽然习惯了那里的饮食，但一回到家乡，每次都会去街上买羊肉汤回家吃。

清炖羊肉口感清淡，越来越受到人们的喜爱，有时兴的菜谱对其的描述只有三个字："本色，炖。"吃的就是原味，它的熬制方法看起来十分简单，但要味道鲜美还是有讲究的，比如辅菜萝卜的选用，要以高山沙地产的为好，圆根萝卜、长萝卜、青头萝卜等品种的口味是不同的。为什么要用萝卜呢？因为羊肉味甘、大热，萝卜可以去其燥热。清炖讲究的是汤色清澈透明，在煮羊肉时，首先要将羊肉切成几大块，边煮边撇去浮沫。待羊肉煮透，捞起洗净，再切成小块，放入原先煮羊肉的汤中（经纱布过滤），加入拍烂的姜、葱节、花椒、黄酒等作料，以及羊血、羊肠（俗语说"牛肝马肺羊肠子"是最美味的）、羊油，用慢火炖三小时左右，软而不烂方可。如果说羊肉汤的熬制讲究羊品种、作料、辅菜、药材等，那么，蘸料则是提升羊肉味道的重中之重了，家制豆瓣酱的制作和香菜、调料的搭配还是要用心的。

 **思考与讨论**

我国传统饮食文化蕴含了中华民族的哪些精神特质？

 **思政小课堂**

1. 珍惜粮食、尊重劳动。中国饮食文化体系将物尽其用的观念体现得淋漓尽致，从日常生活到重大庆典，从日常教化到颁布典制，都将拒绝浪费粮食的理念一以贯之。

2. 饮食文化与民族文化的多样性。分析饮食文化的地域之美、和谐之美、交流和共享之美、智慧与创新之美，宣教传统饮食文化的精髓内涵，探析饮食文化时代精神新内涵，推进健康中国建设。

第四章

服饰民俗

　　服饰,是人类生存的基本物质条件之一,也是人们在社会活动中的重要精神文化表现。作为物质文化,它和人们的生产生活紧密联系,不同历史时期的服饰反映了不同时代人们的生活方式和生产水平。而作为精神文化,服饰又体现了不同时期、不同国家、不同地区、不同民族、不同社会阶层的意识形态、精神面貌、生活情趣和审美观念等。服饰的发展反映的不是某一文化体系的发展,而是整个人类社会历史的发展,是人类文化不可或缺的重要部分。

　　"服饰"一词为并列结构。"服"指"衣裳","饰"指"饰品"和"妆饰"。依此解,服饰即人类穿戴于身体的衣裳、饰品和妆饰。而由此衍生的服饰文化则是与服饰相关的人类物质和精神文化的综合。本章着重围绕"衣裳"部分作阐述。

　　我国素有"衣冠古国"的美誉。中华民族在漫长的历史长河中孕育了璀璨的民族文化,而服饰文化作为我国优秀传统民族文化的重要组成部分,反映着当时的社会发展状况和人们的精神追求及文化底蕴。在原始社会时期,人类生活在深山密林中,自然也就利用一些能够随手得到的材料来制作衣服,比如树叶、茅草以及狩猎得来的兽皮,穿着方式是最简单的披挂。《韩非子·五蠹》说:"古者丈夫不耕,草木之实足食也;妇人不织,禽兽之皮足衣也。"冠服制度大约形成于夏商时期,到西周时,已基本完善。战国时期,诸子争鸣,思想活跃,服饰日新月异。秦汉时期,在传承战国服饰的基础上,服饰的种类和样式更加丰富。魏晋南北朝时期,政治动荡,人们追求享乐,宽衣博带是这一时期的流行服饰。隋唐时期,经济繁荣,服饰愈益华丽,形制开放,甚至有袒胸露臂的女服。宋明以后,强调封建伦理纲常,服饰渐趋保守。清代末叶至民国时期，西方文化东渐，服饰日趋适体、简便。新中国成立后，服饰文化蓬勃发展，精彩纷呈。

第一节　服饰概述

一、服饰的起源

我国服饰文化源远流长，早期文字中已经出现了关于服饰的记载，古书典籍里更是留下了种种传说。有关服饰的产生，以《吕氏春秋》和《世本》的记述最为通行。一说，黄帝时"胡曹作衣"；或说，"伯余制衣裳"。《鉴略妥注·三皇纪》记载："有巢氏以出……袭叶为衣裳"。以上记载有说是胡曹教民做衣服，有说是伯余教民做衣服，也有说是有巢氏最早教人用树叶等做衣服。如果这些传说是真的，等于认同真正的服装诞生于一万年到五千年前。但这又让人不禁好奇，距今几万年前的新石器时代，甚至几十万年前的旧石器时代，人类穿衣服吗？

实际上，考古学家在北京山顶洞人遗址中就发现了长约 82 毫米，针身最粗处直径约 3.3 毫米的磨制骨针，这说明旧石器时代末期的山顶洞人已经开始使用骨针缝制简单的衣物。骨针作为中国服饰史最早的实证，揭开了中华服饰文化史最早的篇章。

兽皮披挂

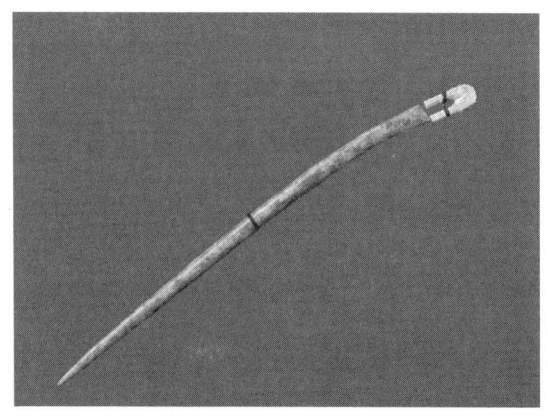

山顶洞人遗址出土的磨制骨针

新石器时代，中华祖先从事农耕畜牧，陆续发明了纺麻、养蚕缫丝、织布，并用得来的材料缝制衣服。在改变了原始的裸态生活之后，我们的祖先进一步走向戴冠穿衣、佩戴首饰的文明生活。

在西安半坡遗址出土的陶制纺轮，表明中国在约六千年前就已出现原始手工业，也证明当时人类的原始衣料除兽皮外，已开始有麻、葛和其他纤维所织成的衣料。

人类为何发明服饰？一般有以下几种说法。

（1）羞耻说。该学说认为人类穿衣是源于人的羞耻感，即人类一旦认识到男女有别，就会本能地遮盖自己的生殖器。

（2）保护说。该学说认为人类穿衣是为了保护自己的身体，或是为了防寒保暖，或是为了抵御外来袭击。而且，人类多喜欢遮盖自己的生殖器，就是为了保护自己的生殖能力。

（3）装饰说。该学说认为人类在很早就已经懂得用饰物来装饰美化自己。根据考古发现，人类祖先留下的服饰遗物是以"饰"为主的。当然，这也是因为材质原因，"服"很难保留下来。

（4）标记说。该学说认为从与服饰相关的许多习俗和特征来看，服饰应该源于标记的目的。服饰一方面能从社会的意义上区别男性和女性，另一方面又突出地标记出人们的性别、年龄、身份、地位、职业、婚姻状态、种族、所属的社会群体等。

（5）吸引异性说。与羞耻说相反，该学说认为服饰起源于人类吸引异性的目的，即为了使自身更具魅力，用自己认为美的物品来装饰身体。这是一种本能动机与冲动需求。

二、服饰的功能

服饰的产生和发展是与人类的生产生活紧密联系的，它所具有的功能也随着社会的发展而不断地扩大和完善。一般说来，服饰具备以下功能。

一是遮羞蔽体、防寒御暑的功能。刘向著《说苑》载墨子言："衣必常暖，然后求丽"。意即服饰的功能首先是保暖，起到类似动物皮毛的作用。衣服在实现保暖功能的同时，也维护了人的羞耻感。这是服饰最基本、最原始的功能，也可以说它是服饰产生的最初动因，这一功能也将具有永久的延续性。

二是具有适应生产劳动的功能。生产劳动是人类生存必需的活动，人们穿着各种服饰进行劳作时，就必须考虑工作的方便。只求美观不求实用，是不符合服饰民俗要求的。因此，服饰民俗因不同地区、不同职业和不同性别而有所不同；生产劳动的方式不同，服饰民俗也不同。如在深山野林中以狩猎为生的人们，多穿着用各种动物皮毛制成的衣服，既可以防寒，又可以防御野兽的伤害；生活在多水地区的人们，为了便于撒网捕鱼，多穿着短衣、短裤等方便捕捞的服饰。

三是具有识别社会角色和等级身份的功能。服饰最先具有的社会职能应该是标志作用。它起初被用来识别不同的部落，以区分敌我为目的。随着部落内部成员关系的分化，一些模糊的等级观念逐渐产生，人们开始用服饰来作为不同层次的部落成员的区别标志。在社会分工日益复杂化、多样化以及等级制度日益严格化的社会里，不仅农、林、牧、副、渔等各行业，工、农、商、学、兵等各种社会角色的服饰有区别，就是同一行业中不同身份的人们，服饰也有所差别。

四是具有表达某些社会观念和政治理念的功能。在社会观念、政治理念日益复杂化的社会中，服饰从样式、图案到花纹等方面均涵纳了许多社会内容，如礼仪伦常、求吉心理、民族自我意识及自我个性理念等。在20世纪初，伴随着女权运动的兴起、社会观念的变化，女性开始穿着裤装，露出了双腿。后来出现的展现女性美的短裙、超短裙及比基尼等服饰，也都是在社会观念变化的前提下产生的。

第二节　中国传统服饰基本形制

中国传统服饰有两种基本形制，即"上衣下裳制"和"衣裳连属制"，这两种形制都对后世产生了较为深远的影响。

一、上衣下裳制

据《释名·释衣服》载："凡服，上曰衣。衣，依也，人所依以芘寒暑也。

下曰裳。裳，障也，所以自障蔽也。"西周以前，主要采用上衣下裳制。那时的服装不分男女，一律做成上下两截。一截穿在上身，称"衣"。"衣"为缝有袖筒、前开式的服装，多为衣襟右掩的右衽。一截穿在下身，称"裳"，腰系带，下系芾。"裳"在最初只是将布裁成两片围在身上，到了汉代才开始把前后两片连起来，形成筒状，这就是所谓的"裙"。

上衣下裳制

河南安阳出土的奴隶主石雕造像，头戴扁帽，身穿右衽交领衣，下着裙，腰束大带，扎裹腿，穿翘尖鞋。这大体反映了商代服饰的情况。

二、衣裳连属制

衣裳连属制，古称"深衣"，始创于周代。《礼记·深衣》郑玄注称："名曰深衣者，谓连衣裳而纯之以采也。"深衣同当代的连衣裙结构类似，上衣下裳在腰处缝合为一体，其形制为矩领、窄袖，领、袖、裾用其他面料或刺绣缘边，后发展为高领、阔袖、续衽钩边、裳长及足。深衣这一形制对后世服饰影响深远，汉代命妇以它为礼服，古代的袍衫也都采用这种衣裳连属的形式。

衣裳连属制

深衣是用途最广泛的一种服饰形制，可用作帝王不视朝时的便服，诸侯士大夫的晚礼服，文武官员的次等朝服，也是庶人在参加祭礼时唯一可穿的礼服，且不分男女。

深衣分为两种。一种是曲裾深衣，通身紧窄，长可曳地，下摆一般呈喇叭状，行不露足。衣袖有宽窄两式，袖口大多镶边。衣领部分很有特色，通常用交领，领口很低，以便露出里衣。如穿多件衣服，每层领子必露于外，多的达三层以上，时称"三重衣"。另一种是直裾深衣，这种服装早在西汉时就已出现，但不能作为正式的礼服。东汉以后，直裾深衣逐渐普及，并替代了之前流行的曲裾深衣。

曲裾深衣

直裾深衣

第三节　中国历代传统服饰的演变

一、夏商周时期的服饰

夏商周是我国奴隶社会兴起、发展并走向鼎盛的阶段。自夏商起，中国就开始出现冠服制度，至西周已基本完善。夏代出土文献不多，服饰文化难以厘清。殷商服饰无论男女尊卑均采用"上衣下裳制"，后世称服装为"衣裳"，即源于此。

古人穿传统服饰一般是要束发的，发髻要用笄别住。笄在我国是新石器时代就有的，是用来固定发髻的饰品。商代遗址中出土过骨笄、蚌笄、玉笄、铜笄等。笄的用途除固定发髻外，也用来固定冠帽。商代奴隶主贵族戴的帽子，有一般的帽箍和加卷筒形装饰的帽箍，此外还有一种羽状高冠。

戴卷筒式冠巾的贵族

戴高巾帽的贵族男子

随着周代系统地制礼作乐，服饰也被纳入"礼"的范畴，形成了一套条文繁复、等级严明的服饰规定，用以"分贵贱，别等威""严内外，辨亲疏"。穿戴于身上的服饰被当作一种标志手段，被赋予了鲜明的阶级内容。从此，帝王后妃、达官贵人及黎民百姓，其衣冠服饰均有严格的区别。由奴隶社会到封建社会，虽然历代对服饰制度有所修改，但用不同服饰来体现等级差别的根本宗旨却没有变化。周代还产生了中国传统服饰中影响深远的服饰形制——衣裳连属制，即"深衣"。周代男女都用簪子。

商周时期规定，除了天子和大贵族，其他人不能享用丝帛和精细的麻织物等贵重的服装用料。但到了后期，桑蚕养殖和丝绸织造发达的齐鲁等地一些大商竟与诸侯贵族一样"衣必文采，食必粱肉"。在周代，人们把黄白黑赤青视为正色，象征高贵，而浅红、淡青、紫色等由5种正色混合而成的颜色是象征卑微的间色（紫色后来脱离间色，成为尊贵的象征），对于贵族而言，间色只能做内衣、衬里。

周代贵族男子的礼服有冕服、弁服、玄端等，贵族女子的礼服有袆衣、揄狄、鞠衣、展衣、素纱等。这里以冕服为例进行介绍。天子或王在祭祀时穿着的服饰称为冕服，主要由冠、衣、裳、大带、中单、舄等组成，此处主要介绍冠、衣、裳三部分。衣曰玄衣，穿于上身，代表天，是青黑色的，裳曰纁裳，穿于下身，代表地，是赤褐色的，以此表达对天地的崇拜。衣和裳共绣着12种纹样，合称"十二章纹"。不同纹样代表不同的寓意：日月星辰代表照临，山代表稳重，龙代表应变，华虫代表文采，火代表光明，粉米代表滋养，藻代表美德，宗彝代表忠勇，黼代表决断，黻代表明辨。

冕冠是在圆筒式的卷帽上覆盖一块前圆后方的木板，即冕板，其上表面涂为青黑色，下表面涂为黄赤色，象征着天圆地方和天玄地黄。用五彩丝绳串连红、白、青、黄、黑五种颜色的彩玉，组成冕板的旒。五种颜色代表了五个方向与五种元素：黄代表中央（土）、青代表东方（木）、白代表西方（金）、黑代表北方（水）、红代表南方（火）。用丝帛做成球饰，垂挂在耳边，叫作充耳，又名瑱，是提醒君王不能听信谗言。冕冠戴在头上要前低后高，表示君王对百姓的关怀。冕冠的形制蕴含了上天之子和君权神授的浓厚意味。从孔子"服周之冕"之言，可以知道后代以周代冕服为标准服制。这些服饰区分了天子与庶民，被沿用于商周以降的两千余年的古代社会之中。

商周时期的装饰纹样造型强调夸张和变形，结构以几何框架为依据做中轴对称，将图案严紧地置于几何框架之内；刻意夸大动物的头、角、眼、鼻、口、爪等部位；以直线为主、弧线为辅的轮廓线表现出一种整体划一、严峻狞厉的美学风貌，象征着统治阶级政权的威严和神秘。这是特定的历史条件下形成的时代风格。

二、春秋战国时期的服饰

春秋战国是一个动荡战乱的时代，随着诸侯国势力的壮大，周王朝势力日渐衰微。这一时期出现了一次思想大解放。诸子百家兴起，诸子论著中有不少的篇幅均涉及服装美学思想。当时各诸侯国各自为政，相对独立，各诸侯的爱好以及百家争鸣之风，也引起了服饰形制的百花齐放：春申君三千食客中的上客均着珠履，卫王宫的卫士均穿黑色戎衣，儒者多穿长裙、褒袖、方履的缁服，等等。春秋战国特别是战国时期盛行的服饰是深衣。此外，春秋时期，人们为了腿部保暖，发明了"胫衣"，此为"裤子"的雏形。此时的裤是不加连裆的套裤，两只裤管套在胫（小腿）上，且不缝合在一起，因此称"胫衣"。"胫衣"也被称为"绔"，成语"纨绔子弟"便来源于此（在古代，"绔"与"袴"是通假字）。但着胫衣不便于行动，尤其不利骑射。

胫衣

当时的赵国经常和相邻的东胡、楼烦族发生军事冲突，这两个民族均善于骑射，能在崎岖的山地灵活行动，而赵人习惯车战，不善于山区作战。于是，赵国国君赵武灵王为了训练骑兵，废弃了传统的宽衣博带的服饰，仿照胡人服装进行改良，形成短衣、长裤、窄袖的特征。裤为前后裆与裤管连为一体的长裤，这种合裆裤能够使大腿和臀部肌肉在骑马时少受摩擦，在功能上有极大的改进。赵国军队因为这一改革提升了战斗力，很快便打败了相邻的民族，不久更消灭了实力强大的中山国，国势大盛。这就是中国历史上著名的赵武灵王"胡服骑射"的故事。

三、秦汉时期的服饰

公元前221年，秦灭六国，建立起我国历史上第一个统一的多民族集权国家，制定了一套完整的社会等级服饰制度——官服制。此一制度强调"皇帝穿龙袍，平民着素色"，以示尊卑有别，一直被后世封建社会沿用。汉初承袭秦制，其后并无太大调整，至东汉永平二年（59），汉明帝重新制定了祭祀服与朝服制度，形成完备的汉代冠服制度。

秦汉服饰整体呈现凝重、典雅的风格。面料仍重锦绣，绣纹多有山云鸟兽或植物花样，织锦有各种复杂的几何菱纹。同时，还将阴阳五行思想融入服饰文化中。秦汉服饰传承了深衣的基本形制。男子服装以袍为贵，袍为加衬里的长衣。袍服一直被当作礼服。其基本样式以大袖为多，领、袖都饰有花边。袍服的领子以袒领为主，大多裁成鸡心式，穿时露出内衣。这种袍服是汉代官吏的普通装束，不论文武职别都可穿着。

在这个时期，男子穿着的主要款式有深衣、袍、襜褕、襦、裙等。这个时期的女服主要分为两类：一是作为礼服的深衣，二是日常穿着的襦裙。襦即有衬里的上衣或短袍。襦的袖子一般较长，窄交领右衽。汉服标准的领口式样，外观如英文字母"y"。与汉服相搭配的，有腰带、宫绦等。腰带，用丝或革制成，起固定作用。宫绦，以丝带编成，一般在中间打几个环结，然后下垂至地，有的还在中间串上一块玉佩，借以压裙幅，使其不至散开影响美观。襦裙是中国妇女服装中最主要的形式之一，尽管长短宽窄时有变化，但基本形制始终保持着最初的样式。

头饰方面，秦汉男子流行戴冠，不同头冠可以彰显主人不同的社会身份和地位。秦汉冠帽形制有通天冠、武冠、法冠、高山冠、长冠、进贤冠等等。平民则头上戴巾（即用布包住头发）。女子一般将头发往后梳，绾成一个髻，样式名目繁多，不胜枚举。贵族妇女头上还插步摇、花钗做装饰，奴婢则多以巾裹头。

汉代规定，百姓一律不得穿各种染色的服装，只能穿本色麻布。直到西汉末年，才允许平民服青绿之衣。从出土的汉代陶俑及画像砖石来看，劳动者或束发髻，或戴小帽、巾子，也有戴斗笠的，身上穿的服装，几乎全是交领，下长至膝，衣袖窄小，腰间系巾带，脚穿靴鞋，还有不少赤足者，反映了这个时期劳动人民的生活状况。此外，此时对鞋也有严格的等级规定。

四、魏晋南北朝时期的服饰

魏晋南北朝是政治和经济动荡的时期，士大夫阶层形成了消极的社会风气，追求享乐主义，沉沦于颓废的生活方式，以谈论老庄、佛道思想为时尚，这种风气也直接反映在人们的服饰上。

这一时期服饰的特点主要是宽衣博带、自然洒脱、清秀空疏。男子一般都穿大袖翩翩的衫子。直到南朝时期，这种衫子仍为各阶层男子所爱好，成为一时的风尚。此外，男子穿衣常敞胸露臂，衣服披肩，追求轻松、自然、随意。女子一般上身穿衫、袄或襦，下身穿裙。款式多为上俭下丰，衣身部分紧身合体，袖口肥大，裙为多折裥裙，裙长曳地，下摆宽松，从而达到俊俏潇洒的效果。她们长裙曳地，大袖翩翩，饰带层层叠叠，优雅而飘逸。当时一些少数民族的统治者受到汉文化的影响，倾心于宽衣博带式的汉族服饰，开始倡导穿着汉服。

发式方面，与前代有所不同。魏晋流行"蔽髻"，这是一种假髻，其上镶有金饰，各有严格制度，非命妇不得使用，时称"缓鬓倾髻"。《晋书·五行志上》载："太元中，公主妇女必缓鬓倾髻，以为盛饰。用髻既多，不可恒戴，乃先于木及笼上装之，名曰假髻，或名假头，至于贫家不能自办，自号无头，就人借头。"普通妇女除将自身头发挽成各种样式外，也有戴假髻的。不过这种假髻比较简单，髻上的装饰也没有蔽髻那样复杂。此外，还流行一种漆纱笼冠，其制平顶，似圆形"套子"，两边有耳垂下，戴时必须罩于冠帻之外，才成为帽子，下用丝带系缚，男女皆可穿戴。

魏晋南北朝男子服饰

五、隋唐时期的服饰

隋唐时期是中国古代社会发展的一个巅峰时期，由于政治、经济的稳定和繁荣，其服饰形制能上承历史服饰之源头，下启后世服饰制度之经道，所以，这一时期成为汉族服饰制度发展的重要历史时期。此时经过长期的民族融合，国力强盛、经济繁荣、思想开放、民风奢华，服饰也日趋丰富华丽。

男装盛行圆领袍衫。文官衣略长至足，踝或及地，武官衣略短至膝下。袖有宽窄之分，多随时尚而变化，其中一些款式还延至宋明。隋朝，尚黄但不禁黄，士庶均可穿着。到了唐朝，才明确规定除天子外不许着黄。自此，"黄袍加身"成为登极的象征，一直延至清王朝的灭亡，长达千余年。黄色作为天子御用色，对中国社会文化意识起到相当强的制约作用。一般士人未进仕途者，则以白袍为主，有"袍如烂银文如锦"之说。

唐代的女装是中国古代服装史上最为精彩的篇章。那时女子服装主要由衫、裙、帔组成。最时兴、最有特色的女子衣着是襦裙装，即短上衣加长裙，裙腰以绸带高系，有的几乎及于腋下。在襦衫外面罩一件对襟短袖衣，叫作半臂或半袖，肩部搭一条披帛。披帛通常以轻薄的纱罗裁成，上有图纹，有长有短，用时披搭在肩上，并盘绕于两臂之间。走起路来，披帛随着手臂的摆动而不时飘舞，灵动非常。

这一时期的衣服领口样式繁多，富有变化，如圆领、方领、斜领、鸡心领等。唐代社会思想比较开化，盛唐时有袒领，一般为宫廷嫔妃穿着，服装样式极为开放大胆。唐代女裙的式样繁多、色彩艳丽，尤其流行像石榴花那样的红裙，诗人称之为"石榴裙"。

此外，常有女性穿着男装和少数民族服装。开元以前女装以窄袖为时尚，胡服尤其盛行，初唐妇女多喜欢戴胡帽，穿翻领窄袖袍、条纹小口裤，着软靴。这也体现了北方游牧民族等与中原交往的密切程度。中唐以后女子衣衫又趋于宽大。

唐女子襦裙装

受社会风气的影响，唐代妇女的发型样式也是与时俱进，层出不穷。根据宇文士及《妆台记》、段成式《髻鬟品》（或说唐人段柯古著）、袁郊《红线传》等书记载，唐代妇女发型样式有数十种。唐代妇女发式有半翻髻、反挽髻、愁来髻、百合髻、蹄顺髻、盘桓髻、望仙髻等鬟式。发饰也精彩纷呈，有花钿、簪、钗、步摇等。唐代女子各种各样的发型式和发饰反映了唐朝的繁盛与开放，大唐气度在唐朝女子精巧的发式上展现得淋漓尽致。

戴义髻的人俑

回鹘髻

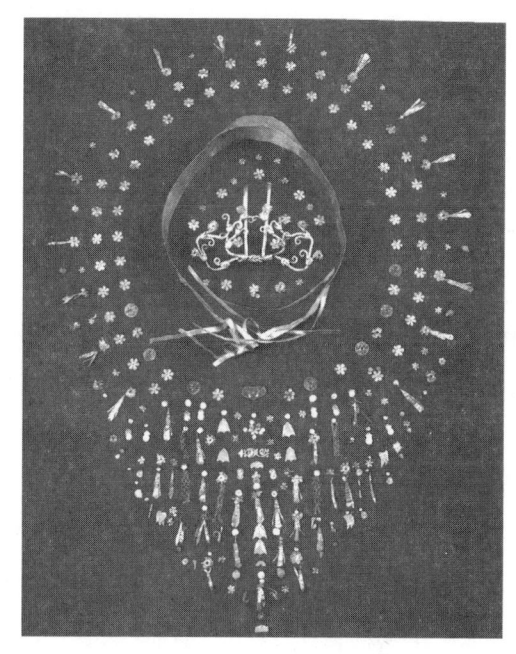

花钿

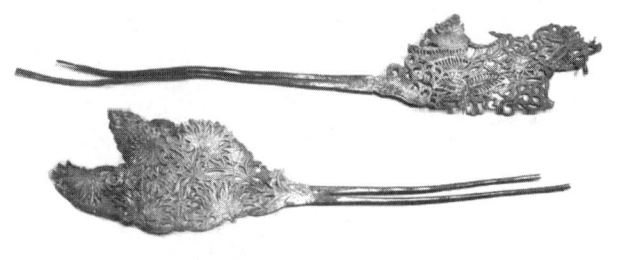

鎏金银钗

六、宋元时期的服饰

宋代对士、农、工、商的服饰限制极为严格。孟元老《东京梦华录》记载："其卖药卖卦，皆具冠带。至于乞丐者，亦有规格。稍似懈怠，众所不容。其士、农、工、商，诸行百户，衣装各有本色，不敢越外。谓如香铺裹香人，即顶披背；质库掌事，即着皂衫角带不顶帽之类。街市行人，便认得是何色目。"可见，在宋代，从服饰上除了可以看出等级差别，还可以看出他们所从事的行业。

宋代的服饰大体沿袭唐制，但在式样和名称上略有差异。宋代的男装大体上沿袭唐代样式，一般百姓多穿交领或圆领的长袍。宋代公服基本承袭唐代的款式，圆领大袖，下裾加一道横襕，腰间束以革带，头戴幞头，脚穿靴或革履。公服幞头，一般都用硬翅，展其两角。公服所佩的革带，是区别官职的重要标志之一，其类别比服装颜色分得更细。

宋代妇女的日常服饰，大多上身穿袄、襦、衫、背子、半臂，下身束裙子、裤。其面料为罗、纱、锦、绫、绢。尤其裙子形成了一定的风格，面料以纱罗居多，最瞩目的颜色是石榴花的红色。褶裥裙也是当时裙子中极有特点的一种，有六幅、八幅、十二幅不等，贵族妇女所穿裙子的褶裥更多。内衣有抹胸和裹肚，裤子一般是不露在外面的，只有下等人才单穿裤子。受封建礼教的影响，宋代出现了缠足陋习，称"裹小脚"。

总的来说，宋代的服饰比较拘谨保守，色彩也不及以前鲜艳，给人以质朴、洁净、淡雅之感，这与当时的社会状况，尤其是受程朱理学的影响，有密切关系。

宋代女子服饰

元代是中国历史上民族融合的时代，元代服饰也充分体现了这一特点，实行既承袭汉族传统又兼有蒙古族特点的服制。元初，宫中服饰沿用宋制，直到元英宗时期，才参照古制制定了天子和百官的上衣连下裳、上紧下短，腰间加襞积，肩背挂大珠的"质孙服"制。

元代质孙服

元代女服分贵族和平民两种样式。贵族多为蒙古人，常戴着一顶高高的帽子，叫作"罟罟冠"。她们多以皮衣皮帽为民族装，式样多为宽大的袍式，袖口窄小，袖身宽肥。由于衣长曳地，贵族妇女外出时，须有女奴牵拉。这种袍式，在肩部设有云肩，即所谓"金绣云肩翠玉缨"，十分华美。作为礼服的袍，面料质地十分考究，采用大红色织金锦等织物。当时最流行的服饰色彩以红、黄、绿、褐、玫红、紫、金等为主。平民妇女一般穿襦裙，半臂也很常见。

元代贵族女子服饰

此外，元代还有一种很有特色的服装，即"海青衣"。其最大的特点就是在袖根处开了两个口，气温高的时候可以把手从口子里伸出来，把袖子扣到后背的纽扣上。

元代海青衣

七、明清时期的服饰

明代服饰的主要特点是体现出等级制度的严格。朱元璋建立明朝后，进行了一系列改革，其中包括恢复汉族礼仪，调整冠服制度，先是禁胡服、胡语、胡姓，后又"上承周汉，下取唐宋"，重新制定了服饰制度。明代的皇帝冠服、文武百官服饰、内臣服饰，其样式、等级、穿着礼仪非常繁缛，就连日常服饰，也有明文规定。

明代官员头戴乌纱帽，身穿圆领袍，以补服为常服。所谓补服，是指在袍衫前绣有一块方形图案的官服，文官图为飞禽，武官图为猛兽，并用袍衫颜色和图案来区分官阶品位。不独如此，官吏平常穿的圆领袍衫还凭衣服长短和袖子大小区分身份，长大者为尊。此外，袍衫的品色、腰带也因官员品阶的不同而有所不同。明代官服中最具特点的是乌纱帽，其形制前低后高，两旁各插一翅。帽内另用网巾束发。乌纱帽翅因戴者官职、身份不同而各异。

明代各阶层男子的便服主要为袍、裙、短衣、罩甲等。崇祯年间，皇帝命其太子、王子易服青布棉袄、紫花布衣、白布裤、蓝布裙、白布袜、青布鞋，头戴皂布巾，装扮成老百姓样子出门活动，这从侧面反映了当时平民百姓的衣饰。这个时候出现了一种用六瓣或八瓣布片缝合的小帽，看起来很像剖成半边的西瓜。这本来是仆役所戴的，但因戴起来很方便，所以就普遍流行起来。这就是清代"瓜皮小帽"的前身。

明代妇女的服装近似宋元两朝，主要有衫、袄、霞帔、褙子、比甲及裙子等。但内衣形制有所变化，增加了小圆领，颈部加纽扣。与唐代女装相比，明代女装衣裙比例明显倒置，一改"上短下长"之风，逐渐拉长上装，缩短裙的长度。平日常穿的是短衫长裙，腰上系着绸带，裙子宽大，样式很多，比如百褶裙、凤尾裙、月华裙等。大凡皇后、皇妃、命妇，皆有冠服，一般为真红色大袖衫，深青色褙子，加彩绣帔子、珠玉金凤冠、金绣花纹履。明代规定民间妇女服饰不能用金绣，袍衫只能用紫、绿、桃红等色，不能用大红、鸦青、黄色，带则是用蓝绢布，衣衫上已出现纽扣。妇女的鞋式仍为凤头加绣或缀珠。

明代孝亲曹国长公主像

清代服饰对近现代服饰影响较大。因清朝实施"剃发易服",作为日常服饰的汉族服饰在清代逐渐淡出历史舞台(但是个别地方以及佛道宗教仍保留了汉族服饰)。

清代男装主要是长袍和马褂,袖端呈马蹄形。长袍造型简练,立领直身,偏大襟,前后衣身有接缝,下摆有两开衩(古时称"缺袴")、四开衩和无开衩几种类型。皇室贵族为便于骑射,着四开衩长袍,即衣前后中缝和左右两侧均有开衩,平民则着左右两侧开衩或称"一裹圆"的不开衩长袍。外罩对襟褂,长曰大褂,短曰马褂。马褂较外褂为短,仅及脐。衣服上的佩饰比较烦琐,一个金银牌上垂挂着数十件小东西,如耳挖子、镊子、牙签等,还有一些古代兵器的小模型,如戟、枪之类。佩挂饰物在清代已经形成风尚。

清代皇帝朝服

清代女装,汉、满族发展情况不一。汉族妇女在康熙、雍正时期还保留明代款式,时兴小袖衣和长裙;乾隆以后,衣服渐肥渐短,袖口日宽,再加云肩、花样翻新;到晚清时都市妇女已去裙着裤,衣上镶花边、滚牙子,一衣之贵大都花在这上面。满族妇女着"旗装",梳旗髻(俗称"两把头"),穿"花盆底"旗鞋。至于后世流传的所谓旗袍,长期主要用于宫廷和王室。清代后期,旗袍也为汉族贵妇所仿用。旗袍或短装有琵琶襟、大襟和对襟等几种不同形式。襟边、领边和袖边均以镶、滚、绣等为饰。据裕谦拟定的《训俗条约》记载:"……镶滚之费更甚,有所谓白旗边、金银鬼子边、栏干、牡丹带、盘金间绣等名色,一衫一裙……镶滚之费不啻加倍,且衣身居十之六,镶条居十之四,一衣仅有六分绫绸,新时固觉离奇,变色则难拆改。"

从清代中期开始,满汉互有仿效,到后期,满族仿效汉族的风气颇盛,史书有"大半旗装改汉装,宫袍裁作短衣裳"的记载。而汉族仿效满族服饰的风气,这时也在达官贵妇中流行开来。妇女服饰的样式及品种到清代也越来越多,例如背心、抹胸、一裹圆、裙子、大衣等,层出不穷。

清代女子吉服

八、辛亥革命以后的服饰

中国服饰直到辛亥革命后才起了重大变化,进入近现代服饰发展阶段。民国时期,出现了废除传统服饰的服饰改革,许多封建陋习和束缚妇女的习俗逐步被取消,其最大的进步就是以服装划分等级的规定随着帝制的没落而彻底消亡了。男子服饰出现了从长袍马褂向中山装和西装逐步过渡的趋向,女子服饰亦变得日益丰富多彩,出现了普及旗袍的趋向。

新中国成立以后,随着改革开放的不断深入,中国文化与国际文化交相影响。随着国家的发展和人民生活水平的提高,人们对于服装的追求,已不是单纯模仿西方,而更注重自身的个性化、民族化。

民国时期男装

民国时期女装

改革开放以来，随着中国综合国力与国际地位大幅提升，中华文化进一步得到世界的关注与重视。与此同时，国人开始深入挖掘我国优秀传统文化，并全力保护和继承。例如，汉服从沉睡中苏醒，各地汉服组织如雨后春笋般不断建立，以"华夏复兴，衣冠先行"为口号的"汉服运动"也随之展开。

中国一直是一个统一的多民族国家，由于地理环境、气候、风俗习惯、经济、文化等原因，在长期的生产、生活实践和历史积淀中，汉族以外的 55 个少数民族也创造出了具有鲜明的民族特征、地域特征和时代风格的服饰文化，成为中华民族服饰文化的重要组成部分。少数民族服饰作为民族文化的重要载体之一，折射出各民族多元化的审美价值，蕴含着各民族不同的文化理念。作为民族精神和文化的外在表征，各个民族的民族服饰及其文化亦是五彩缤纷、绚丽多姿，其品种之多、款式之奇、色彩之艳、花样之繁，无不让人惊叹，它们是历史发展的产物，是独特文化传统的结晶，是生产生活方式的具体体现，是人与自然生态和谐的象征，更是中华文化长河中璀璨夺目的星辰，一直熠熠生辉，共同构成了中华民族服饰及其文化的多样性景观。

 **思考与讨论**

1. 近年来汉服流行的原因是什么？
2. 组织一场辩论赛，就是否应该推广汉服展开辩论。

 **思政小课堂**

1. 在科技发达、信息爆炸的今天，传统理念和技术很容易被人遗忘。但某些传统是在历史长河中逐步形成、沉淀、流传下来的中华文化瑰宝。中国传统服装就是我国传统文化瑰宝里闪耀的明珠，是中华民族的财富。它区别于其他国家的服装，具有独特的美。优秀的传统文化应该被继承并发扬光大。

2. 在经济全球化和文化多元化的今天，随着中国综合国力和世界影响力不断提升，国家软实力也随之提高。优雅、端庄、大气的中国传统服装在世界服装文化舞台大放异彩，受到了国内外时尚界的高度赞誉，成功地向世界展示了中国传统服饰文化。而传统服饰文化的美学思想，也潜移默化地影响着国人的着装心理和审美趣味。研究我国传统服饰文化，对于推动我国服饰文化产业的快速发展具有重要的时代价值，对于传承与弘扬中华优秀传统文化，增强民族文化自信以及民族凝聚力等具有重要意义。

第五章

人生礼仪

中国的礼仪文化源远流长,自古以来,中国就被誉为"礼仪之邦"。礼仪是一个内涵丰富、变化发展的概念。在古代,"礼仪"一词在各类著作中出现的频率极高,是哲学家、思想家、教育家等关注的重点。

人生礼仪是指人在一生中几个重要环节上所经过的具有一定仪式的行为过程,主要包括诞生礼、成年礼、结婚礼和丧葬礼。人生礼仪是社会民俗事象中的重要组成部分,每一个人从出生到死亡,都要经历人生礼仪。人生礼仪的决定因素不仅是当事人本人的年龄和生理变化,而且是在其生命历程的不同阶段,生育、家庭、宗族等社会制度对当事人的地位规定和角色认可,也是一定文化规范对当事人进行人格塑造的要求。因此,人生礼仪与社会组织、信仰、生产与生活经验等多方面的民俗文化交织,集中体现了不同社会文化类型的生命周期观和生命价值观。

对人生礼仪的观察与研究历来为民俗学家所重视。早期的民俗学家范·热纳把人生礼仪分为三类,即是"脱离仪式""转变仪式""合人仪式"。如婴儿脱离母体表明脱离了孕育状态,诞生礼就属于"脱离仪式";"转变仪式"可理解为从出生到成年之间,使当事人得到改造的仪式;"合人仪式"象征着"再生",即使当事人获得一个新的社会位置并返回社会共同体。

我国国土面积广阔,民族众多,因此,中国人的人生礼仪与世界上其他国家和民族有诸多不同之处,呈现出丰富多彩的形态。此外,人生礼仪在实践过程中往往与民间信仰发生一些关联,仪式中呈现的社会特征与民间信仰特征经常水乳交融,形成了复杂的、多样性的民俗结构,这种情况在我国人生礼仪中表现得也十分突出。

第一节 礼仪概述

一、礼仪的起源

礼字的本义为敬神,即事神致福。《仪礼·觐礼》:"礼日于南门外,礼月与四渎于北门外,礼山川丘陵于西门外。"汉代班固《东都赋》:"于是荐三牺,效五牲,礼神祇,怀百灵。"后来,礼被引申为社会生活中基于风俗习惯而形成的行为准则、道德规范。如《晏子春秋·谏上第一》:"凡人之所以贵于禽兽者,以有礼也。故《诗》曰:'人而无礼,胡不遄死。'礼,不可无也。"《论语·子罕》:"博我以文,约我以礼。"《汉书·公孙弘传》:"进退有度,尊卑有分,谓之礼。"礼又指为表示隆重而举行的仪式、典礼。古代礼之名有五:吉、凶、军、宾、嘉。礼之事有九:冠、婚、朝、聘、丧、祭、宾主、乡饮酒、军旅。

仪的本义为容止仪表。《诗·大雅》中有"令仪令色,小心翼翼"的句子,郑玄笺曰"善威仪,善颜色"。后来,仪被引申为礼法、礼度之意。《说文》曰:"仪,度也。"

礼仪二字合用也很早。《诗·小雅·楚茨》:"献酬交错,礼仪卒度。"《周礼·春官·肆师》:"凡国之大事,治其礼仪以佐宗伯。"又《左传·定公十年》中记载:"中国有礼仪之大,故称夏,有服章之美,谓之华,华夏一也。"古代华夏民族正是以丰富的礼仪文化而受到周边其他民族赞誉的。早在孔子以前,已有夏礼、殷礼、周礼三代之礼,因革相沿,到周公时代,周礼已比较完善。孔子把"礼"作为治国安邦的基础。他主张"为国以礼""克己复礼",并积极倡导人们"约之以礼",做"文质彬彬"的君子。孟子也重视"礼",并把仁、义、礼、智作为基本道德规范,他还认为"辞让之心"和"恭敬之心"等是礼的发端和核心。荀子是儒家学派的重要代表人物之一,但是较为激进,既主张"隆礼",又要求"重法",与孟子有着明显的差别。荀子强调礼在为人、做事、治国方面的作用,认为礼是法的根据和总纲,而法是礼的体现和确认。荀子曾说:"礼者,人道之极也。"(《荀子·礼论》)"礼者,贵贱有等,长幼有差,贫富轻重皆有称者也。"(《荀子·富国》)他把礼看作做人的根本目的和最高理想,把识礼、循礼与否作为衡量人的贤愚和高低贵贱的尺度。因而他在《荀子·修身》中强调:"人无礼则不生,事无礼则不成,国家无礼则不宁。"管仲则把礼看作人生的指导思想和维持国运的支柱。他认为:礼义廉耻,国之四维,四维不张,国乃灭亡。(《管子·牧民》)

从这些思想家的言论中不难看出,礼仪是适应调节人际关系的需要而产生和发展的。我国古籍中的《周礼》《仪礼》《礼记》是古典礼仪最为重要的专著。我国古代"礼"的概念包含着丰富的内容,大体可归结为三个层面:一是指治理国家的典章制度,二是古代社会生活所形成的作为行为规范和交往仪式的礼制及待人接物之道,三是对社会成员具有约束力的道德规范(包括自身修养)。纵观我国礼仪内容和形式的演变与发展,可以看出"礼"和"德"不但是社会治理的中心支柱,而且在几千年的历史发展中形成了许多具有广泛社会性与强大号召力的优良道德规范和人际交往准则,并成为了中华民族共同的财富,对中华民族精神的形成与发展起到了极其重要的作用。

二、中国传统文化中的"五礼"

孔子说:"殷因于夏礼,所损益可知也;周因于殷礼,所损益可知也。"(《论语·为政》)早在夏商时期,中国传统礼仪文化就已十分完备,其礼典《周礼》被后世奉为"古制",传承了几千年。《周礼》中对礼法、礼仪做了权威的记载和解释,并确定了礼仪制度的基本结构。后世根据《周礼》及现实情况将"礼"整理为五类,称为"五礼"。《隋书·礼仪志一》记载:"以吉礼敬鬼神,以凶礼哀邦国,以宾礼亲宾客,以军礼诛不虔,以嘉礼合姻好,谓之五礼。"

其后,各朝修订礼典,大体都以吉、凶、军、宾、嘉五礼为纲,故五礼对历代礼制有着深远的影响。

（一）吉礼

中国古代宇宙观最基本的三要素为天、地、人，《礼记·礼运》称："夫礼，必本于天，肴于地，列于鬼神。"吉礼为五礼之冠，即祭祀之礼，主要有祭天地、祭日月星辰、祭社稷、祭宗庙等礼仪活动。

吉礼是为了适应当时社会需要，从宗族制度、等级关系中衍生出来的，有其时代特点和局限性。在当代，选取仍有积极、普遍意义的传统文明礼仪，加以传承和发扬，对于提升个人修养、协调人际关系、创建和谐社会具有深远意义。

五礼之吉礼

（二）凶礼

凶礼即有关哀悯、吊唁、忧患的典礼，包含多种不同的形式。《周礼·春官·宗伯》记载："以凶礼哀邦国之忧，以丧礼哀死亡，以荒礼哀凶札，以吊礼哀祸灾，以袷礼哀围败，以恤礼哀寇乱。"意为以凶礼哀吊救助邦国的忧患，以丧礼来哀吊死亡，以荒礼来救助饥荒与疫病的流行，以吊礼哀吊严重自然灾害、水火灾祸，以袷礼相助被围而遭祸败的盟国，以恤礼慰问国内遭受动乱的地区或曾遭寇乱的盟国。

虽然在近代礼仪中，省去了很多凶礼的礼节，但是古礼的内在精神依旧对现代文明有着深远的意义。俗云："天有不测风云，人有旦夕祸福。"人皆乐生恶死，好治厌乱。洪荒之世，人类与自然相依而存，敬天法地而制礼，文明得以进化。于今亦然，困顿危难之时，社会各阶层，从上至下都能伸出关爱的手，奉献爱心和力量，有助于人们尽快恢复信心，渡过难关。此敬天法地爱民之心，无论何时何境都历久弥新。

（三）军礼

军礼即有关军事活动的礼仪。王者以礼治国，使天下归于大同，但难免会遇到内部和外部的干扰，甚至兵火的威胁。《礼记·月令》记载："天子乃选士厉兵……专任有功，以征不义，诘诛暴慢，以明好恶，顺彼远方。"礼乐与征伐，犹如车之两轮，不可偏废。

而军队的组建、管理等，都离不开礼。例如军队的规模，春秋时期，天子为六军，根据礼有等差的原则，诸侯的军队不得超过六军，且必须与国力相称。当时的军力往往用战车的多少来衡量，故而又有天子万乘、诸侯千乘、大夫百乘的说法。军队必须按照礼的原则，严格训练，严格管理。

军礼包含大师之礼、大均之礼、大田之礼、大役之礼、大封之礼等。此外，军队的校阅等都要按照仪节进行。

中国兵学思想发源较早且著述颇丰，亦是中国传统文化的重要组成部分，军礼亦在兵学体系中有着举足轻重的作用。如今，人类的活动范围扩大，人口增多，衣食住行与往日迥异，处今之世，欲行古之礼，或有不合时宜处。古语云："随时而变，因俗而动。"对于通乎人情、诚而不伪的中国古礼，择其善者而从之，并加以必要的改进，不但是中华文化传承的需要，也是社会安定和谐的需要。

（四）宾礼

宾礼是接待宾客之礼，即邦国间的外交往来及接待宾客的礼仪活动。天子受诸侯朝觐、天子受诸侯遣使来聘、天子遣使迎劳诸侯、天子受诸侯国使者表币贡物、宴诸侯或诸侯使者，均属宾礼。此外，王公以下直至士人的相见礼仪，也属于宾礼。

中国自古就有"礼仪三百，威仪三千"之说。《孟子》曰："仁者爱人，有礼者敬人。爱人者，人恒爱之；敬人者，人恒敬之。"事业非礼不能兴旺，社会非礼不能安定，国家非礼不能强盛，礼之用，难以尽述。礼以伦理道德的外化形式对人们的行为规范进行指导，不但是一种文化积累，更是社会秩序稳定的保障。时至今日，礼之具体仪式虽已随时代改革有所损益，而礼之原理和精神，不可偏废。

（五）嘉礼

《周礼·春官·宗伯》记载："以嘉礼亲万民"。嘉礼为古代礼仪中内容最丰富的部分，上至王位承袭，下至婚冠、贺庆等无所不包，其最主要的内容有饮食之礼、婚冠之礼、宾射之礼、飨燕之礼、脤膰之礼、贺庆之礼、即位改元礼等。

嘉礼是用来和合人际关系，沟通、联络感情的礼仪。古人通常以饮食之礼来亲睦宗族兄弟，以婚冠之礼来成全男女婚配，以宾射之礼来联络故旧朋友的感情，以飨燕之礼亲睦四方之宾客，以贺庆之礼亲和异姓之国。虽然君主专制已被废除，但是很多礼仪还是被保留下来，特别是婚礼，成为现代人一生中最重大的礼仪之一。

三、礼仪的特点

《论语·颜渊》载："君子敬而无失，与人恭而有礼。四海之内，皆兄弟也。"《文子·道德》曰："敬者，礼也。"我国礼仪经典《礼记·曲礼》开宗明义，第一句就强调"毋不敬"。礼仪的实质除"敬"这一共性外，还有它特定的内容，即平等待人、尊重别人、言行文雅、表里一致。

礼仪的基本特征是：

(1) 共同性，即礼作为一种文化现象为全人类所共有。

(2) 差异性，即不同的国家、地区和民族，礼的内容和形式有所不同。

(3) 继承性，即任何国家、地区和民族的礼仪都是在人们长期的社会实践中演化而来的。

(4) 时代发展性，即任何礼仪都随时代的发展而发展，随时代的进步而革新。现代礼仪具有符合现代社会的道德观、价值观，符合现代审美标准，符合现代生活特点，符合现代国际惯例，符合时代发展要求的时代特征。

（5）统一性。

（6）阶级影响性。

四、礼仪的功能

礼仪是人类文明的基本标志，也是个体思想素质、道德素质、文化教养的外在表现。具体来讲，礼仪有如下作用：

（一）礼仪具有积极的教育作用

礼仪的本质就是教育，这在古时就已形成。例如"成年礼"，在氏族成员行将成年时，用各种方式来测验其体能及生产、战争技能，以确定其能否成为本氏族的正式成员。进入文明时代后，这种仪式大都消失了，而中国则把它改造成体现文明精神的"冠礼"，通过邀请乡中德高望重的人为成年者加冠、取表字等仪节，教育加冠者从此要有成年意识，要承担起对家庭和社会的责任。又如"婚礼"，古代包括纳采、问名、纳吉、纳征、请期、亲迎六礼，今指结婚仪式。儒家则从家庭伦理的角度对婚礼做出了新的解释，认为婚姻的意义在于合两姓之好。因此，古时女子出嫁前，父母再三告诫，要为大家的兴盛而尽心。又如"乡饮酒礼"，周代在地方设有乡学，学制三年，学成之后便成为国家的人才，乡里要把他们举荐给诸侯。为此，每隔三年，乡大夫都要以主人的身份举行"乡饮酒礼"，礼的主宾是最优秀的学成者，要让他受到全乡的尊敬。在典礼中，还为年高德劭的乡中长辈专门设席，致以特殊礼遇，意在培养乡人敬老尊长的风气。因此，乡饮酒礼的核心不是饮酒，而是通过这一形式进行敬贤尊老的教育，养成淳厚的民风。类似的礼仪还有很多，不胜枚举。

（二）礼仪可规范人的态度和言行

无论从哪一种角度讲，礼仪都是一种尺度、一种规范。一旦人们在社会生活中遵循了礼仪的规范，那么其自身的修养也就有了明显的提高。

（三）礼仪可提高社交能力，调节人际关系

无论是从礼仪的内容和要求来看，还是从人们的社会生活来看，礼仪都是

社会交往中不可缺少的。有了礼仪，才能提高人们的交际能力，才能调节人与人之间的关系。

（四）礼仪在日常生活中起着"准法律"的作用

礼仪与道德有着必然的联系，属于德的范畴。虽然礼仪的效率不能与法律相比，但它与道德都在人们的生活中仍起着一定的约束作用。

（五）礼仪在中国文化中起着凝聚民心的作用

中国地域广阔，人口和民族众多，习俗纷繁，方言歧异，如果没有统一的价值观，则很难有文化上的认同感。将价值观用礼的形式固定下来，加以推广，世代相传，使全社会都处于礼的约束和导引之下，不仅保持了社会的文明程度，而且进一步统一民风，增强了中华民族凝聚力和向心力。

第二节　诞生礼

诞生礼是人生的开端礼，被称为"摇篮边的礼仪"。人们通常认为，一个婴儿刚出生，还仅仅是一种生物学意义上的存在，只有通过为其举行的诞生礼，才能使其获得在社会中的地位，成为被社会承认的真正意义上的"人"。从我国重视子嗣的实际情况来看，诞生礼还可以包括婴儿出生之前及后来成长过程中的一系列仪式活动。因为一个新生命的出生与生长绝非一件容易的事情，孩子父母乃至亲属等要做出许多努力，所以诞生礼亦可以看作是一个较长时间的连续过程。诞生礼大体包括求子仪式、孕期习俗、庆贺生子三个阶段的内容，并以庆贺生子为中心部分。不同民族的诞生礼各有特点，本节以汉族为例，对其诞生礼进行简单介绍。

一、求子仪式

古时，已婚妇女未孕前，民间有种种企盼怀孕得子的习俗，仪式多带有神秘的色彩。"不孝有三，无后为大"，这种植根于以家庭为生产单位的自给自足小农经济基础上的传统观念，使得那些不能及早抱上娃娃，特别是多年不能生育的夫妻，如同热锅上的蚂蚁，焦虑不可终日。未孕妇女的心理压力更是沉重。为了改变这种难堪局面，有人便采取向神灵祈祷、施行巫术等方式，以达到怀孕生子的目的。中国民间求子仪式纷繁多样，可以按其观念与手段的特点分为以下三种主要类型。

（一）向神灵祈子

这是最普遍的一种求子方式。民间传说主管生育的神灵甚多，如碧霞元君、送子观音、金花夫人、子孙娘娘、张仙等，常有信众为之立庙建祠。不育妇女带香烛、纸蜡等，到神像前默祷以求怀孕生子。不少地方都要有婆婆或者婶子、大娘等陪同前往。祝祷之后，常伴有"拴娃娃"的行为。一般是在神像前的供案上置有一些泥娃娃，祈子者从中挑选一个取走，或用红绳套在娃娃脖子上。如果日后果然生了孩子，要再往庙中去还愿。比如某些地区，不育妇女会去庙里拜"送子娘娘"（即碧霞元君）。传说"送子娘娘"是东岳大帝的妻子，主管人间生育之事，故民间多有祭祀。

每年农历二月二十日，川西一带会举行求子庙会，当地称之为"娘娘会"（或称"童子会"）。人们从四面八方赶来，到当地的东岳庙烧香求子，热闹非凡。"娘娘会"结束之后，人们会将东岳大帝和送子娘娘的木偶神像抬出去巡行，以表示信众的虔诚。

中国古代曾有祭祀高禖（生育之神）的礼仪，在仲春之月举行。这种古老的传统于20世纪50年代以前还在河南淮阳、陕西岐山等地有所保留。可见民间祈子习俗源远流长，其古老的形态与始祖神话传说关系密切。

（二）由旁人送子

求子习俗中还有一类常见的形式是由亲友或特殊人物向盼望得子的家庭及妇女本人做出象征性的送子举动。一是送去某种食物，期望妇女吃了后可以很快受孕。这类食物通常有南瓜、鸡蛋、芋头、生菜等。如贵州中秋节有"偷瓜送子"风俗。偷瓜于晚上进行，偷到瓜后，先要给其绘上眉目，穿上衣服，使之成小儿形状，再用竹舆抬送至无子之家。受瓜之人请送瓜人吃月饼，然后将瓜置于床上伴睡一夜，次日清晨将瓜煮食，民间认为可以助孕。二是送去带有多子多孙寓意的吉祥物，常见的有"孩儿灯""麒麟送子图"以及用口袋装好的百谷、瓜果等。三是结合元宵节舞龙灯活动送子，如湖南部分地区，当龙灯到达家门口时，主人请求龙身绕家中妇人一周，又让一男孩骑在龙身上，在堂前绕圈，谓之"麒麟送子"。

从需要旁人协助的角度讲，与送子习俗相似的还有"拍喜""棒打求子"等习俗。如福建闽侯旧时每年正月十五，求子的主人家常请亲邻持竹杖拍打新妇，用意是打走妇女身上的邪祟，使其能正常生育。陕西一带妇女组成"乞子会"，于三月初三到娘娘庙集体祈祷，通宵不眠，谓之"坐夜"，也有互相协助的意思。当然，这些都是陋俗，并无根据可言。

（三）投石得子

过去，我国有很多地方都有投石入石洞或者树洞以祈求得子的习俗。一些石洞被当地人称为"打儿洞"或者"打儿窝"，求子者在东边祭拜后，站在离洞几米甚至十几米开外的地方向洞内投石头或者钱币，认为只要能将石头、钱币扔进洞中就可得子。四川资阳的唐代石刻大佛上现在都还保留着这样的"打儿洞"。元代费著《岁华纪丽谱》记成都风俗时曾有："三月三日出北门，宴学射山……山有小池，士女探石其中，以占求子之祥。"可见，投石求子的习俗十分久远且影响力很大。

二、孕期习俗

（一）孕妇禁忌

妇女有孕之后，民间常以"有喜""害口"等俗称悄悄传递信息。孕妇有种种禁忌，如在饮食方面禁食一些动物的肉，认为吃公鸡会导致生下的孩子夜里啼哭，吃螃蟹会导致胎横难产等；在视听方面忌看一些不常见的动物和丑陋的人，怕受惊吓，冲犯胎神；在外出时忌讳到结婚场合见新娘，认为见了会冲克新娘。上述禁忌都反映出古人对孕妇流产、难产及生残缺儿等现象不能做出科学解释，有浓重的迷信色彩。但也有些禁忌对维护孕妇身体与情绪的健康有一定益处，如少到公共场合，不做剧烈劳务和节制房事等。

(二) 孕期馈送

各地有许多颇有特色的催生习俗，最常见的是在产期将届时，由娘家送一些婴儿出生后所需用的衣食物品。因催生礼品须用担挑去，有的地方称之为"催生担"。杭州旧时送催生礼时要携带一具笙，吹着进门，以"吹笙"表示催生之意。产房的预先布置常有许多讲究，上海郊区流行娘家送"分床铺"的习俗，限于女儿第一次怀孕时。

(三) 接生方式

旧时，产妇将要分娩的时候，常请来接生婆，这对于稳定产妇的情绪和婴儿顺利出生有很大帮助。由于对血污的忌讳，有的地方不准婴儿出生在床上，怕冲犯床神。是以，有些地方多让产妇坐在盆上生产，谓之"临盆"；有些地方则在床前铺上麦秆或谷草，让婴儿生在草上，谓之"落草"。胎衣的处理上，各地很不一致，一般要找僻静地方埋掉，但也有故意埋在路口，任行人踩踏的。

三、庆贺生子

(一) 生命降生仪式："洗三"

中国汉族一般是在婴儿出生后第三天举行庆贺仪式，谓之"洗三"或"三朝"。在这之前之后，小孩的父亲要向岳父家报喜，所携带的礼物常暗示婴儿性别，如连云港一带以所送"喜蛋"数目为标志，若生男，即用单数，如八十九、九十九等，若生女，即用双数，如五十六、六十六等。有些地方会在产房或临街门口挂红布、桃枝等物，表示婴儿降生，向乡邻报喜。这一习俗产生很早，《礼记》就有生男"设弧于门左"，生女"设帨于门右"的记载。

"洗三"是家庭庆贺添人进口的仪式，也是标志新生儿脱离母体降生人世的象征性仪式。通常情况下，人们会在洗澡盆里面放入喜蛋、金银首饰等物品以求吉利。洗婴儿的水也很讲究，北方多用热水浸泡艾叶等，由老年妇女为婴儿擦身，认为这样做可以去掉胎气。还要用喜蛋滚摩婴儿的头顶，据说可以预防婴儿生疥疮。有的地方在给婴儿洗澡时还要唱喜歌，预祝他长大成人之后能够读书做官，出人头地。一般来说，"洗三"这一天，外婆和远近的亲朋好友都要过来道喜。人们会提上鸡蛋、红糖、肥母鸡、猪腿等"月礼"问候产妇，在富裕的家族中，外婆还要送上金项圈或银项圈给婴儿。看完婴儿后，主人要请客人吃鸡蛋或者醪糟蛋，寓意同喜。当亲戚朋友临走时，主人还要为其准备一些红蛋带走。这就是民间所说的"打三朝"，又叫吃"三朝酒"。因为民间有"男不赶三朝"的说法，所以参加"三朝酒"的皆是妇女。

（二）进入人群仪式："满月"

诞生礼的一项重要仪式是在婴儿满月的时候进行。旧时，一般来说，产妇在生产后的一个月内不能做事，不能出门，叫"坐月子"，这期间婴儿须紧傍在母亲身边，不能被抱出户。满了一个月，母亲身体基本恢复，婴儿也基本适应了离开母体之后的新的生存环境，所以在满月这天就可以为婴儿举行有众多亲友参加的庆贺仪式。母亲娘家人及其他亲戚送来贺礼。许多地方在这天都要庄重地为小孩剃第一次头，俗称"去胎发"，多由舅舅主持。剃下的头发不能随便处置，如浙江金华一带是将头发用红纸包好，挂在门后以压邪。满月仪式的另一项内容是抱小孩第一次出门见世面，一般是先在家中设案祭祖祀神，然后抱小孩走街串户，谓之"兜喜神圈"。在浙江湖州，婴儿满月剃头之后，要让舅舅抱着在街上游行一圈，还要让姑父撑着雨伞随行，当地人认为这可以使婴儿长大后不惧生人。满月仪式带有使小孩走出家门进入乡里社会的意味。

满月仪式之后，还有在婴儿满一百天时所举行的庆贺仪式，称"百岁"，又称"百晬""百禄"等，寓意都是祝福小孩健康长寿。与此用意相通，民间有给婴儿吃百家饭、穿百家衣、挂百家锁的风俗。

（三）预卜前程仪式："周岁"

周岁生日，可以看作是小孩诞生礼的最后一个高潮。除与满月、百岁一样要办酒席庆贺之外，这一天一般还要特别举行"抓周"仪式。孩子穿上新衣后，将糕点果品、文房四宝、书籍玩具、秤尺刀剪等物品放置席上，让小孩坐在当中，任他伸手去抓。人们相信小孩抓到的第一件东西就代表了他日后的志趣。比如抓到笔墨，说明小孩将来爱读书，会金榜题名；抓到算盘，说明小孩将来有能力经商，必发家致富等。"抓周"仪式属于占卜活动，本不可靠，但这一仪式能反映出家长望子成龙的心情。周岁之后，小孩每年过一次生日，有的地方叫"爬门槛"，父母煮鸡蛋和长面条给孩子吃，其用意是让他岁岁平安，逐渐长大成人。

汉族的诞生礼大略如上所述，整个过程都反映出人们对生育现象的认识和信仰。透过这种对生理意义上新生命的礼赞和精心呵护的态度，可以看出中国人对履行家庭生育和教养职能特别重视。尽管在诞生礼中婴儿本人只能处于被长辈安排的被动地位，但整个仪式过程是把婴儿当作可以与成人交流思想感情的主角加以教育的，从中可以看出我国文化传统对个人人格塑造的一些基本要求。所以，应当把民间诞生仪礼同整个婴幼儿期的培养和教育联系起来加以考察。

第三节　成年礼

成年礼是为承认年轻人具有进入社会的能力和资格而举行的礼仪。

在世界上许多原始民族中，成年礼是一项必不可少的仪式，有的过程十分隆重且具有严酷的考验性质。我国一些少数民族的成年礼还有比较完整的保留。

汉代刘向《说苑·修文》中记载："冠者，所以别成人也……君子始冠必祝。成礼加冠，以厉其心。"古时男子二十岁行冠礼，加冠的礼节一般在祠堂中举行，由父亲或其他长者主持，并由指定的德才兼备的贵宾给行冠礼的男子加冠。《礼记·曲礼》中记载："女子许嫁，笄而字。"女子十五岁行笄礼，取表字。据《仪礼·士冠礼》记载，士阶层的冠礼过程是由主持仪式者给冠者戴三次帽子，分别是"缁布冠""皮弁"和"爵弁"。三次加冠，每加愈尊，喻示冠者的德行与能力与日俱增。是以《礼记·冠义》有载："三加弥尊，加有成也。"而女子的笄礼规模要小一些，主要是由女性家长为行笄礼者改变发式，将头发绾成一个髻，插上簪子（即笄），表示从此结束少女时代，可以嫁人。如今，这种传统意义上的成年礼大多已与婚礼或幼子养育习俗相结合，其"成年"的象征意义也与其人生的前后阶段相衔接而予以体现。不过，相对独立的成人礼在有些地方也还有所保留。

一、成年礼的习俗表现

我国以汉族为主的民间社会中，近世成年礼可分为三种类型。

（一）与婚礼相结合的成年礼

明清以来，冠笄之礼渐不普遍，单独进行者多为官宦人家，及至民国时期，大多数人家习惯在婚礼的亲迎之前举行这种成年仪式。如男子届时穿新衣服，披十字红绸，胸前戴红花，在族亲簇拥下到祠堂中，立于红毡上向祖先及尊长叩礼，由尊长赐以成人之字。女子出嫁前由女性长辈为其"绞脸"和"上头"。"绞脸"就是清除脸上的汗毛和整修眉毛。"上头"是将头发挽起，罩上发网，别上钗簪。相对而言，在婚礼过程中举行女子成年礼更为普遍。

（二）与幼子养育习俗相结合的成年礼

成年礼具有结束孩提时期而长大成人的标志意义，故而在许多地方会为男女少年举行庆贺顺利通过养育阶段的仪式，比较典型的例子有广东等地的"出花园"、南北方普遍存在的过"大生日"和"开锁"等。潮州人认为未成年的孩子一直是生活在花园里的，长到十五岁，就得择吉日举行"出花园"仪式。一般是由家长采来十二样鲜花浸在水里，供孩子沐浴；孩子沐浴后穿上母亲缝的新腰兜（或说新肚兜）和外婆家送来的新衣服以及一双红木屐，以"跨出"花园。还要拜床神，供品中用公鸡或母鸡，视孩子性别而定，以祈求其将来能生儿育女。在孩子十二岁时，有些地区的父母及亲友会为其过"大生日"，场面胜似婚礼，所送祝贺礼品有长命袄、富贵裤、用红头绳系着的铜钱等。"开锁"与过"大生日"基本相同，主要流行于北方，即男孩十二岁或十五岁时，由其父母或干娘做顿好吃饭食相待，然后将其幼时戴上的挂锁、项圈、耳坠等物去掉。女孩十二岁开始留起一条发辫，称"留头"。

（三）相对独立的成年礼

上海松江一带有为青年集体举行的"庆号"仪式，即青年为拥有成人资格的名字而互相庆贺。民国时期，河北藁城的男子当弱冠时，有贺名颂号之举。其事以年长有德者主之，犹存冠礼之遗意。

从"通过仪礼"的角度讲，成年礼具有最为典型的意义，行成年礼的青年要首先脱离父母等长辈的养护，然后经过考验而改造成为身心健全的新人，最后加入社会集体并取得一定位置。一般来说，成年礼的强制性和严格规范比其他人生仪礼表现得更为突出，在实行成年礼的民族中，这一仪式过程是每个人一生中最为难忘的一种经历。为了说明成年仪礼的性质、意义、内容规范和形式特征等，有必要结合不同社会形态的不同民族的成年礼进行综合考察，并且不妨与现代社会青少年长大成年和加入社会的文化现象进行对照。

二、成年礼的规范与特征

（一）行成年礼的年龄规定

接受成年礼，有年龄的规定。中国传统社会中的尊卑长幼秩序，在跨出亲属辈分的情况下，年龄是决定一个人社会地位的重要标尺。

（二）成年礼的性别区分

成年礼分为男子成年礼和女子成年礼两种，有的民族只有其中一种。分性别举行成年礼与在成年礼中进行性别教育有极大关系。人的性别和年龄一样，都是与生俱来、主观无法改变的生理属性。因此，成年礼的一项重要教育内容是使青春期的孩子接受对性别角色及社会价值规范的认识。

性别教育中的重要内容，是传授只有同一性别的成年人才有权知晓的秘密知识，这在原始部落的成年礼中表现得特别突出，时常作为仪式的高潮。如南美某部族的男子成年礼，要由德高望重的老人向那些已经通过严酷身体训练的青年讲授关于部落神话的秘密，谁要出卖这些秘密谁就将被处死，成年礼因此具备了"秘密结社"的性质。成年礼通过这些手段来强化青年人对自己性别角色的认识，使他们从生理成熟进入到社会价值观上的成熟。

（三）成年礼中的考验

年轻人在任何社会中都要经受许许多多的磨炼和考验，而在原始的成年仪式，特别是男子成年礼中，要集中完成一系列规定的体能训练和受到相当痛苦的身心折磨。所经常采用的考验手段有：环境的突然改变，十几岁的年轻人要被带往远离父母与亲人的陌生地方；置身于人为的艰苦生活当中，饮食、睡眠、说笑行为等受到严格限制；从事沉重的体力劳动与耐力培养，如进行长距离行军等；接受鞭打等肉体痛苦，或施行损伤性手术，如割礼、文身、凿齿等；制造恐怖场面，使年轻人受到惊吓。

这些手段在不同民族的成年仪式中有不同的表现，如我国云南傣族有男子文身和女子染齿的习俗，这在《唐书·南蛮传》和唐人樊绰著《蛮书》中就有记载。再如，瑶族男子的"度戒"仪式中，有"翻云台"，即从一丈多高的台上跳下，此外还有"上刀梯""过火海"等考验方式。

成年礼中的考验具有多重意义，比较明显的意义是使那些将承担社会责任的年轻人得到身心磨炼，从而具有迎接未来艰苦生活的能力。从情绪感受的角度来看，年轻人在仪式中所遭受的痛苦越大，就越会强烈地意识到自身社会地位正发生急剧变化。此外，这些考验本身具有"死亡与再生"的象征意义，是社会使年轻人从依赖父母的状态中脱离出来的仪式。

（四）成熟标志

成年礼最终要使经过严格考验和训练的年轻人拥有正式社会成员的标志，如改变发式和服装、佩戴特殊装饰品、接受文身与凿齿等身体变形。新命名的字作为一种语言符号，也是表明年轻人身份发生变化的标记。如我国汉族古代的"冠礼""笄礼"，彝族少女的"换裙礼"，黎族妇女的"绣面"，上海松江一带男青年的"庆号"等都主要是集中授予成年标志的仪式。几乎所有民族的服饰、发式等都有成年与未成年、男性与女性的区分，名字也如此，因此即使在没有成年礼的民族中，当一个人开始穿戴有性别区分的成人服饰、改变发式等，或者有了成人的名字时，也同样表明他进入了成年阶段，这些变化外观与名称的做法仍具有成年礼的意义。

三、成年礼发生变化的原因

我国古代的冠礼，曾被视为"礼之始"，是"嘉事之重者"，但后世日渐衰微，或发生与其他仪礼相融合的变化，其社会文化历史的原因值得分析。

（一）农业社会组织形式的制约

我国后世婚礼将成年礼的内容融纳进来，反映出后世把结婚当作人一生中的"头等大事"，认为只有婚配之后，才表明一个人真正成年，即成为所谓"成家立业之人"。

成年礼由独立变为婚礼的一环，表明在农业社会中家庭成为基本单元，地位愈益突出，先前全氏族集体男女分工的生产活动对成年组织的要求已不突出，因此与年龄等级制密切相关的成年礼在婚礼面前便黯然失色。

（二）对教养过程的日渐重视

在比较复杂的文明社会中，成年礼的象征成分还分解到一个人成长过程的各个阶段之中，包括儿童期、少年期、青年期乃至壮年期和老死之后。"成熟"越来越具有相对的意义。在育儿习俗中就包含许多期盼孩子独立成人的象征性举动；少年接受教育，青年朝着某种职业特长发展，壮年时得到某种地位和荣誉的过程中，也都经常伴随着某种含有成熟意义的仪式。如南方有的农村中，小孩子入学，要由舅舅买书包、文具并领孩子到学堂，见到同学时要分送糖果。这中间就带有小孩子脱离母亲进入同龄组织中的含义。

从民俗流变的观点看，现代社会中学校教育在很大意义上代替了传统的成年仪礼过程，即通过正规教育使青少年定型化，而且在形式上有脱离父母的入学仪式、象征转变过程的学习和考试阶段以及标志进入社会的毕业典礼等。所不同的是，现代学校教育并不像传统成年礼那样，只教育青少年遵守全社会的统一规范和认为个性具有破坏社会共同体秩序的危险，而是更重视个性的发展，以满足复杂分工的社会在多方面的需要。然而，教育时间的加长又带来易与社会脱节的倾向。

第四节 结婚礼

俗语说"男大当婚,女大当嫁",男女结婚,生育后代,是人类维护生存和发展的首要条件。因此,婚姻历来都为各个民族所重视,从而产生形形色色的礼仪。

一、"六礼"及媒人

人类进入阶级社会后,在父权制家庭中,大都是男子娶妻到自己家里,故我国古代一般说"嫁女"或"嫁妹",绝少言"嫁夫",婚嫁大权大都授予父兄。在古代,一般的婚姻形态都是一夫一妻。

从唐人杜佑《通典》的记载可以看出,先秦时代,婚姻已渐次成俗,并开始形成一套礼制:"遂皇氏始有夫妇之道;伏羲氏制嫁娶,以俪皮为礼;五帝驭时,娶妻必告父母;夏氏亲迎于庭;殷迎于堂;周制,限男女之岁,定婚姻之时,亲迎于户,六礼之仪始备。"有论者认为,"六礼"是集春秋战国各地婚俗之大成。

据我国古代文献记载,从周代起,王室、诸侯和贵族之家男婚女嫁都要举行"六礼",其后历代王室律法大都有类似的规定。六礼的内容包括六个步骤或程序,即纳采、问名、纳吉、纳征、请期、亲迎六大礼仪程序,故名"六礼"。

(一)纳采

男方请媒人送礼物(如一只雁或其他)到女方家求婚,俗称"提亲"。古代习俗规定:在纳采前,男方家长要派媒人到女方家传达消息,得到女方家长同意后,才向女方献纳采之礼。

(二)问名

男方请媒人询问女方名字和出生日期,即民间俗称的"八字",书之于帖,谓之"庚帖"。问名的用意在于"归卜",也就是由媒人将女方的"庚帖"送至男方，男方则持之入宗庙或置之于祖先神位前，卜问吉凶，看是否适宜结婚。

（三）纳吉

纳吉就是正式提亲，相当于现代的"订婚"。合八字之后，得了吉兆，男女双方认为婚姻可以成立，男方就通过一定的仪式告诉女方，女方正式认婚，谓之纳吉。

（四）纳征

纳征即男方向女方赠送彩礼，有金钱、饰物、绸缎或牲畜，也叫"纳币"。这是男女双方正式订婚后进行的礼仪，此时，男女双方的婚姻关系既得到社会的认可，也受到法律的保护。聘礼的厚与薄，往往视等级而定。据《仪礼·士昏礼》记载，士（古代介于大夫和庶民之间的阶层）的聘礼，通常是五匹红黑色与浅红色的帛、两张鹿皮，后来被金钱取代，故又称纳财，民间则称之为采礼或财礼。

士昏礼

（五）请期

请期俗称"提日子"，即男方先请人择定结婚的黄道吉日，然后托媒婆告诉女方，以征得同意。古人颇讲究选择"佳期"和"吉日"，以图大吉大利。

（六）亲迎

这是六礼的最后一道仪式。所谓亲迎，就是新郎亲自到女方家迎接新娘。在周代，其礼制规定，天子不亲迎，其余人皆要亲迎，可见封建时代等级制度之森严。据《仪礼·士昏礼》记载，亲迎这道仪式相当隆重而烦琐。

在我国古代，男方在六礼中常用雁作为礼物。为什么要送雁呢？据说主要是取其"不失节、成双、长幼有序"的寓意，其实是一种维护封建伦理道德观念的仪式。

据学者研究，魏晋南北朝时期，皇太子婚礼中无亲迎程序，其余则与士庶所行程序相同。隋唐以后，皇太子婚礼中出现了亲迎仪式，但士庶阶层却嫌六礼程序过繁，到宋代便加以省略，只剩纳采、纳吉、纳征、亲迎四礼，后又删去纳吉，仅存三礼。元代基本上沿用宋制，但增加议婚程序。明代三礼为纳采、纳币、亲迎，名称稍异。清代以后，民间只剩订婚与结婚在流行，但随着社会的发展，派生出一些新的习俗。

由上可见，婚姻礼仪在中国社会经过两千多年的变化，从内容到形式都发生了很大的改变，其繁文缛礼流传到民间都逐步被简化或合并了。如今，结婚仪式渐趋多样化。这说明婚姻习俗也是随着时代和社会生活的变化而变化的。

尽管历代婚姻礼仪皆有变化，但作为男女婚姻的撮合者——媒人，却自始至终都起着很重要的作用，并且民间还有人以此谋生，值得对之做深入研究。

媒人或媒婆是民间的俗称，史书上雅称为"媒妁""媒姻""冰人""月下老人""媒妇""红娘"等。方言中对媒人的称呼也很有趣，如广东一些地区称之为"大葵扇"，就是因为热天时媒人常拿着扇子，与别人"磨嘴皮"时也习惯摇着扇子。

媒人究竟起源于何时？在"知母不知父"的原始群婚时代，没有媒人，因为当时的风俗是"男女杂游，不媒不聘"（《列子·汤问》）。即使是对偶婚初期，可能也无须媒人做中介。从我国某些残留的从妻居婚礼习俗调查材料看，其男女的结合，多由当事人的男性近亲亲属如舅舅、叔父出面。请男性行媒的习俗一直传承到后世，只是随着男尊女卑观念的加深，媒人才多由妇女充当，但历代仍有少数男子为之。男子行媒的习俗，民间的传说故事中更不乏实例。

先秦典籍如《周礼·地官》，《诗经》中的《卫风·氓》及《豳风·伐柯》等均有关于媒人的记载。称媒人为"冰人"则始于魏晋时期，如《晋书·索纮传》说:"令狐策梦立冰上与冰下人语。纮曰:冰上为阳,冰下为阴,阴阳事也。士如归妻,迨冰未泮,婚姻事也。君在冰上与冰下人语,为阳语阴,媒介事也。君当为人作媒,冰泮而婚成。"可见晋时已流行男子行媒习俗。《太平御览》引《桓玄传》说:"元显取妾,殆同六礼,以尚书仆射为媒人,长史为逆客。"这也是男子行媒的例证。

"月下老人"("月老")之称见于唐代《续幽怪录》中的一则传说:

> 韦固旅次宋城,遇老人向月检书,固问:囊中赤绳何用?曰:以系夫妇之足,虽仇家异域,不可易也。因言固妻乃北菜店陈妪之女。固入店,见妪抱三岁女。固怒,以小刀付奴刺女,伤眉。后以父荫参相州军事。刺史王泰妻以女。眉间常贴花钿。逼问之,曰:妾郡守之父卒于宋城任时,方襁褓,为贼所刺,痕常在,故贴花钿。因名其店曰"定婚店"。

随着这个传说故事的流行,媒人也就被称为月下老人或月老了。这位司人间婚姻的月下老人,无疑也是男性。可见,唐代仍有男子行媒的风俗。元稹《莺莺传》面世后,宋、金、元、明、清均有文人以之为蓝本改写鼓子词、宫调、杂剧等,崔莺莺、张生、红娘三个人物逐渐为人们所熟悉,协助崔张冲破封建礼教束缚而结合的红娘,便成为后世媒人的代名词。

旧时,男娶女嫁必须遵守"父母之命,媒妁之言",其目的是"防淫佚"(《白虎通义》),实质却是维系宗法秩序。这一旧时习俗往往起着阻碍男女婚姻自由的负面作用,使情投意合的男女不能结合。有压迫就有反抗,即使在媒妁风俗盛行的周初至春秋中叶的五百多年中,民间也经常出现敢于违抗婚姻礼教的"私奔"现象。《诗经》中的一些篇章也有类似的记载。大诗人屈原甚至在《离骚》中大声疾呼"苟中情其好修兮,又何必用夫行媒?",对婚姻用媒提出质疑。自秦汉迄近世及至现代,婚姻上反抗礼教束缚的事象也屡见不鲜。

二、各民族婚姻常见仪式

(一) 相识与订婚

旧时,我国各族青年男女婚前相识的方式大体上有两种,一是通过自由社交，二是通过媒人介绍。

阿昌族的青年男女婚前有自由恋爱的风俗，他们称之为"作涅勤"，汉意为"串姑娘"。男青年有以箫声或笙声与姑娘通情的，时间多在每年二三月农闲季节，也有利用赶集和节日的机会与姑娘通情的。有的地区的阿昌族男子白天无论走到哪里都带着一支"三月箫"，遇着自己爱慕的姑娘时，便用箫声传意，请她停步对话。如果姑娘有意，他便边吹边唱山歌送她回家，从此拉开爱情的帷幕。待至夜深人静时，男青年便到姑娘家门口吹低沉的葫芦箫（即葫芦丝），以箫声诉说自己的到来。姑娘的母亲或嫂嫂闻箫声即开门请他进屋到火塘边坐。这对情人便边烤火边对唱情歌，直到东方破晓，才彼此依依惜别。有的地区的阿昌族青年男女则多数是在赶集或节日上相识，也是通过对歌沟通情感。两人通过自由恋爱后，认为可定终身时，男青年便送姑娘一件银首饰作为定情信物。

傣族青年男女之间的相识往往充满着诗情画意。每当月明风清之夜，桂花散发幽香之时，姑娘坐在竹楼的阳台上边纺线，边等候来访者；男子则以歌与之传情达意。依傣族民间风俗，如男女两厢有意，便互相对歌，倾吐情怀，以定终身。青年男女相识的另一种方式，则是通过节庆期间的"丢包"活动物色恋爱对象。

有些地区的藏族和拉祜族的青年男女常常通过年节集体唱歌、跳舞，互抢头巾、帽子的方式寻找对象，然后对歌，彼此情投意合即交换信物定终身之好。

通观我国少数民族的定情信物，有"竹笠"（又称"顶卡花"，毛南族）、心字形的"对子荷包"（满族）、"篾箩"（独龙族）、"花腰带"（苗族）、"同年鞋"（仫佬族）、"萝卜籽"（拉祜族）、"简帕"（佤族）、"槟榔"（黎族）、"挂包"（傈僳族）等。各个民族均有别具一格的定情信物，或系首饰或系生活用品，举不胜举。

壮、傣、布依等民族的民间女子还有一种寻找意中人的方式，即"抛彩球"，又称"抛绣球"。这种习俗宋代文献已有记载，如周去非的《岭外代答》"飞驰"条中说："交趾俗，上巳日男女聚会，各为行列，以五色结为球，歌而抛之，谓之'飞驰'。男女目成，则女受驰而男婚已定。"范成大的《桂海虞衡志》也有大同小异的记载。元代以后，随着南方少数民族与中原汉族的文化交流日益频繁，此俗逐渐传入内地，并为汉族所吸收，故吴承恩的《西游记》和关汉卿的元曲中均出现有关抛绣球的描写。

以上各族的青年男女婚前虽然有社交自由，但定情后还得各自告知自己的父母，征得同意（在不违反通婚原则的情况下，绝大多数不反对），然后由男方父母托媒到女方家提亲。在门巴族民间，男女青年的自主婚姻似乎大于父母的权力，故俗谚云："东北的山再高，遮不住天上的太阳；父母的权力再大，挡不住儿女选伴侣。"青年男女社会经历浅，定情后告知父母，以避免血缘通婚的弊病，这是旧时父母干预在子女婚姻关系上积极的一面。

在不少民族中，未婚男女没有社交自由，婚姻均由父母包办，如汉族就有讲究"父母之命，媒妁之言"的俗规。男女通过自由社交方式相识以至结婚的不多，即使有，也只多见于民间。汉族男女的定情信物，据《诗经》记载，有男子给女子的佩戴饰物如"佩玉""琼瑶"之类。秦汉以后，男女的定情信物有"凤钗"（女子赠给男子），或互赠"铜钱""如意""红豆""手帕""戒子"（六朝时从西域传入）等。这种遗俗，今南方一些地区的民间仍然存在。奉行"父母之命，媒妁之言"这一婚姻原则的还有许多少数民族。在这些民族中间，父母的意见对子女的婚姻大都具有决定性的作用，父母如不赞同，儿女婚事便成泡影，在贵族家庭中尤其如此。因此，这些民族青年男女的定情信物已为家长的订婚礼品和聘礼取代。如流行父母包办婚风俗的满族，男方照例要托媒人到女方家提亲，每次均要带上一瓶酒，到最后一次才能知道是否成功，故民间俗谚云："成不成，三瓶酒"。

（二）结婚

在青年男女婚前有社交自由的民族中，男女订婚后，大都要由男方请媒人去向女方家提亲，即询问是否同意这门婚事；女方如同意即商议聘礼（礼盒），即由媒人回复男方；男方对聘礼数目若无异议，即托媒人将聘礼送往女方家；接着媒人又将男方确定的婚期告知女方，女方如同意，娶亲之日便派人与媒人一同往女方家迎亲。这样，媒人常常要往返两家数次，方完成撮合任务。有的民族的富裕家庭从订婚到结婚要经过九次礼仪。男方每次托媒人去女方家时，一般都带些礼物（也有的民族不带），而女方也往往有所回赠，即所谓"礼尚往来"。在父母包办子女婚姻的民族中，媒人常奉男方之命奔走于两方之间，其言行具有很大的作用，有的甚至举足轻重，这就是人们常说的"父母之命，媒妁之言"。在这些婚仪程序中，有时还可以找到古代婚姻礼仪的某些遗俗。

总之，我国各族的婚姻礼仪，从男女相识、订婚到结婚的仪式，在具体程序和环节上都各有差异，也最能反映我国民俗文化的多样性。

汉族封建社会持续时间很长，其传统的婚姻礼仪大都带有浓厚的封建色彩。婚礼过程中除问名、纳吉、纳征等"六礼"遗俗外，还具有地区特点。19世纪中叶以后，随着社会的发展和对外交往的加强，在经济发达的东南沿海地区尤其是城镇，由于受西方文化的影响，出现了一些中西结合的新的婚姻仪式，从而导致婚俗的又一改革。

旧时的婚礼往往少不了聘礼。其品种，各地大同小异，多少则视家庭经济条件而定，礼金常以货币形式出现。男女两家互赠的礼品中，茶、酒往往是少不了的。

在汉族民间，结婚日期都必须郑重其事地请人择定，唯有黄道吉日方可举行婚礼。所谓"良辰吉日娶新妇，一杯薄酒敬亲朋"，正是这种意识传承的反映。此俗，今民间尚存。

据《仪礼·士昏礼》记载，古代是用车子于夜晚举着火把去迎亲的。以车迎亲的习俗在《诗经·卫风·氓》中也有描写："尔卜尔筮，体无咎言。以尔车来，以我贿迁。"轿子出现后，民间逐渐形成用轿子迎亲的新风俗。这种轿子由于着意装饰，故叫"花轿"。花轿迎亲习俗直到新中国成立前夕还流行于广东的广州人、潮州人和客家人三个文化群体之中。南方其他一些地区也常见此俗。不过，在平民百姓中，家境贫穷的只好使用一般的竹木轿迎亲。

采用花轿迎亲后，很快又派生出一些与之相适应的习俗，例如新娘上轿后，轿夫要念吉祥话，向女方家人讨"喜钱"、酒，然后才起轿，俗称"起担子"。花轿出门后，村人可以拦路向新娘索取吉利钱，俗称"拦门"。原有的婚姻旧俗则继续得以保留，并逐渐发生变化。

新娘下轿进入夫家大门时，还要举行一定的仪式，而且各地有所不同。如广东开平、恩平一带有新娘"跨禾竹"的习俗，有驱邪之意。

"撒帐"婚仪，系用各类果子撒向帐中婚床或帐中新婚夫妇，以求得子的吉利和避邪。撒帐的物品在北方民间后来发展为栗子、李子、橘子、桃子、枣子等；"枣子"者，寓早生贵子之意。有的地方还边撒帐边唱撒帐歌，歌词多系祝新娘早生贵子、与新郎白头偕老之类的。

新郎新娘共饮"交杯酒"的习俗，一直传承至今，但所用的盛酒器已不是剖成两半的瓠瓜壳，而是陶制酒杯等。

闹洞房，常常是婚礼全过程的高潮。汉族不少地区还保留此俗，但已掺进了很多时代的内容。有的地区闹洞房较为文明，有的地区则较为粗俗，属旧时陋俗。

进入近现代以来，我国城镇的婚姻习俗发生了很大的变化，其婚礼仪式中除了乡村婚俗的印记外，还渗进了很多时代的内容，出现了一些新风良俗。新中国成立后，特别是改革开放以来，婚俗的变化更大。

在青年男女相识方面，主要以自由恋爱为主，"父母之命，媒妁之言"已为父母的关怀所代替，媒人虽然还起一定的作用，但已比先前文明，其职责旨在介绍男女相识而已；城镇中已无职业媒人，青年男女大都通过社交活动，或通过婚姻介绍所相识。定情信物多以戒指、项链、手表、玉镯等首饰为主。聘礼的形式趋于多样化。迎亲的方式，距离近的为步行，距离远的以小汽车代步。新娘或穿新衣或披婚纱，新郎大都着西装，明显吸收了西方的婚俗。婚宴有的已改为茶话会，有的则在酒楼、宾馆举行。席间的敬宾习俗已大大简化。集体婚礼和旅游结婚逐渐增加，这是值得倡导的优良风俗。

第五节　丧葬礼

一、丧葬习俗的起源和演变

丧葬是人生途程的终点，古人将之归类为"凶礼"，是人生礼仪的最后一项重要内容，向来为我国各民族所重视。其各个环节存在许多类似的习俗，同时又因民族和阶级（或阶层）的不同而形成差异，并在办理丧事、埋葬死者和举行祭礼等程序的细节上，展现出各自的风格和特点。

我国丧葬习俗的源头，就现有的资料推断，可以上溯到旧石器时代。据考古发现，山顶洞人已产生用赤铁矿、染色的砾石和装饰品作为死者随葬品的民俗事象。它是灵魂观念开始植根于山顶洞人头脑中，也是氏族组织形成祖先精神信仰的有力凭证。

新石器时代以后，随着氏族组织的日益发展，丧葬习俗也由于氏族社会的需要，通过世代传承而逐渐发展起来。我国境内大量新石器时代墓葬的发现，说明丧葬作为一种礼制习俗已经开始萌芽。处于母权制繁荣时代的西安半坡仰韶文化遗址的先民，习惯将成年死者葬在氏族公墓里，夭折的小孩则多用陶瓮埋于房屋附近，或与成人死者交错埋葬。陶瓮上的盖常留一小孔，以方便灵魂自由出入。葬式有单人或多人一次葬和二次葬，还有大坑套小坑的葬俗；死者的姿势多为仰身直肢，其余为俯身或屈肢；随葬品主要是生活用具和装饰品，生产工具甚少。元君庙和横阵村遗址，还出现母系大家庭合葬和女性的随葬品多于男性的随葬品的现象，反映了母权制时代的风俗。

继仰韶文化之后的龙山文化，其葬俗却截然不同。仰韶式的合葬消失了，单人葬开始流行起来，同时还出现了夫妻合葬的埋葬风俗。这个时期的葬式，死者的姿势大多数是头南脚北的仰身直肢，只有少数是屈肢。夫妻合葬墓的典型形式，是丈夫居中，妻子处其侧并做脸朝向丈夫的依从状；同时出现了用猪下颌骨作随葬品的新风俗。这种随葬制度上的民俗事象，说明我国原始社会随着个体家庭和私有制的确立已逐渐走到历史的尽头。作为精神信仰之一的丧葬习俗乃是当时社会生活的一种折射，它以另一种形式反映了当时的现实。这种历史现象反过来说明了，丧葬习俗的演变是受生产力和生产关系的发展制约的。

踏入阶级社会以后，丧葬风俗日趋礼仪化，并掺进了新的阶级内容，从而使其越加烦琐。先前的某些习俗虽然被传承下来了，但由于生活方式的改变，有的已发生了变异。与此同时，还出现了一些新的丧葬风俗。

从夏商周到春秋战国，在统治者阶级中间，产生了一种厚葬风气。这主要反映在统治阶级的人殉制度中。贵族常将死者生前使用的车马连同有关人员作为陪葬；同时还用青铜制作的饮食器、兵器、乐器以及玉制和骨制装饰品做陪葬品；葬具则既有棺又有椁。这是贵族希望死后在"天国"也得到如同生前一样的享受的写照。其后，由于人们在生产实践过程中认识到人力的宝贵，人殉制度遭到主张节葬者墨子等人的激烈反对。他们主张"节葬"，反对重丧厚葬。之后，贵族才逐渐易之以木俑和陶俑；随葬品则由实用器改为象征性的"明器"。及至汉代，明器又改制成陶土模型，从而形成了一套对后世颇有影响的明器随葬制度。

自魏晋南北朝到宋元明清,在士大夫中已无人殉现象。然而,在历代封建皇室的葬礼上,人殉陋俗还时有出现,而厚葬之风则始终未能根绝。例如,在广州象岗发现的南越文王墓中,不但用整套编钟和多枚印玺随葬,而且竟以宫女、厨师作为人殉。明代王室亦有类似现象。总之,极尽奢侈是旧时封建统治者和达官贵人丧葬礼仪的一个特点。相反,历代平民百姓的丧葬礼仪尽管也带有宗教和封建迷信色彩,则保持着简约、俭朴之风。

二、古代丧葬礼的程序和仪式

从《周礼》《礼记》《仪礼》《太平御览》等典籍中有关丧葬风俗的记载看,我国的丧葬礼仪到周代已大致成形,后经秦汉、魏晋南北朝至隋唐而臻完备。通观这些文献对历代丧葬仪式的记述,丧葬礼虽往往因时代和地区的差异而不同,但大抵都遵循如下一些主要程序。

(一) 招魂

从后世以"属纩"作为临终的代词看,上古有用丝絮放于临死者鼻前察验其是否断气的习惯。如人已死,亲属即持人生前穿的衣服登上屋顶,向着北方连呼三声死者的名字,试图把死者灵魂招回。这种仪式,古人称之为"复魂"。《楚辞》中的《招魂》《国殇》就是楚人超度死者亡魂之作,说明此俗在楚国早已流行。据《文献通考》所载,宋代有以神帛为死者招魂的风俗。宋以后,对死而不得其尸者,则习惯用衣冠招魂而葬。后世所谓的"衣冠冢",实际上就是这种习俗的一种变异形式。

(二) 入殓

人初死而招魂不醒,即举办丧事。先用水洗尸,然后入殓。入殓的仪式,又视死者家势的大小和社会地位的高低而分为大殓、小殓,达官贵人则流行以丝绸裹尸(常裹至数层乃至十数层)的大殓。入殓时,富者常放玉块于死者口中,贫者则以米粒或铜钱代替,礼俗称之为"含"(也作琀)。此风于春秋战国时期尤盛,并以稍加变异的形式流传于后世。

（三）停柩

装尸入棺后，家属守灵，亲友前来吊祭。富者为了选择吉日、吉地，或因儿子外出未归，贫者则因家穷儿幼，常有停棺待葬的风俗，古书叫作"殡"。《仪礼》："夏后氏殡于东阶之上，则犹在阼也；殷人殡于两楹之间，则与宾主夹之也；周人殡于西阶之上，则犹宾之也。"据《太平御览》"殡"条引《左传》《论语》《后汉书》《唐书》诸书的有关记载，这种习俗从春秋战国绵延到唐代，不过主要盛行于王室和贵族中间。当时的平民百姓中可能也有此风，但不流行。至今，民间仍有停柩的风俗。

（四）出殡

将棺运往事先选好的葬地，谓之出殡，俗称"送葬"，又叫"发引"，近世有些地方（如广东等地）称之"送终"，均为灵柩出门之意。其仪式繁简也因贫富而有别。富者常讲究排场，以炫耀门第高贵。按古俗规定，送葬必须"白衣执绋"，即穿上白色孝服，拉着套柩车的绳子（绋）。迨至后世，这种仪式才逐渐简化为在送殡人行列两侧拉一根麻绳（或带子），作象征性的引棺。据《乐府》记载，汉时，扶柩的人还要唱挽歌，王公贵人唱《薤露》，士大夫和庶人唱《蒿里》，以哀悼死者。这种风俗经过长期的传承，才慢慢演变为今天的送挽联、花圈，奏哀乐等。

（五）下葬

这是埋棺于事先选好的地点的仪式。春秋战国以前，葬地一般要由"堪舆"（即风水先生）占卜选定，埋棺后均不垒土作坟，故《仪礼》说："古也，墓而不坟"。筑土为坟，环墓植以松柏、梧桐或立石虎，这大概是秦以后的风俗。历代统治者的陵墓，其前还立各种人物和动物的石像和华表。新中国成立前，广东、云南等地的世家大族，以石砌墓，立碑铭，树华表，植界碑。富者深恐别人盗走墓中的珍贵随葬品，常雇人守坟，在墓地周围建筑房舍，形成陵园。从《汉书》"置守冢二百家"一语看，这种风气汉时已相当普遍。然而，平民百姓中却无此奢靡之风，常常一葬了事，唯剩黄土一抔而已，如遇上荒年，还有暴尸于野的可能。

（六）守孝

将死者埋葬后，统治者和士大夫常有穿孝服守孝的习俗。居丧期限和丧服多因等级的不同而殊异。《仪礼》把丧服分为"斩衰""齐衰""大功""小功""缌麻"五种；居丧期限则由三月、五月到一年、三年不等。这期间，孝子实行素食，不得吃肉饮酒，不得寻欢作乐，甚至不得娶妻，不准居官。但违反惯俗者也屡见不鲜。百姓的居丧仪式，历来都十分简单，且往往因为忙于生产劳动而无法维持。守孝之风近世已渐衰，并为戴黑纱、白花，开追悼会所取代。

（七）扫墓

下葬后，为祈求死者灵魂的护佑，每年必须定期祭奠。除祭日外，祭期还有中元、除夕、寒食等，民间常在清明祭奠死者。祭品各地不一，有果品、糕点，有猪、鸡等。扫墓时，一般都要给坟堆打扫、添新土和烧纸钱、叩拜；有些地区还有焚香、放鞭炮的习惯。这种活动发展至今已逐渐成为我国广大人民祭祀祖先、缅怀革命先烈的传统风俗了。

 思考与讨论

人生礼仪与中国传统文化有怎样的关系？

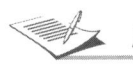 思政小课堂

1. 中国是礼仪之邦。中华民族虽历经时光风雨，最终还是能紧紧凝聚在一起。礼仪文化一直是维系中华民族不断前进和发展的基础，这是中华五千年文明的魅力所在。

2. 人生礼仪外显于规矩和秩序，内化为理念与信仰。遵法守纪、团结爱国、友善诚信、敬畏先贤、与人为善、心怀感恩，这些都蕴含了社会主义核心价值观的内容。

附录：民俗调查提纲

调查提纲是从事调查工作的依据。本提纲所提供的调查内容，只反映出民俗事象的基本梗概，由于各地区各民族民俗的不同，在针对具体的地区或民族进行调查时，还需要根据具体情况做一些必要的补充和修改。在以专项民俗为对象的调查中（如专门的婚俗或民间信仰调查等），还要制订更为详细的专项民俗调查提纲。

本提纲共6种，分别是岁时节日民俗调查提纲、人生礼仪民俗调查提纲、消费民俗调查提纲、社会民俗调查提纲、信仰祭祀民俗调查提纲、游艺竞技民俗调查提纲。

表1 岁时节日民俗调查提纲

种类	具体事象
岁时节日民俗	（1）一年中有哪些节日，时间、地点、名称、内容（如仪式、唱歌、跳舞、竞技等）。 （2）在节日中，不同年龄、性别、身份的人各自从事什么活动，节日活动有无主持人，主持人的年龄、性别、身份。 （3）节日的饮食和服饰，节日的准备工作（如扫房、贴门神等），节日的礼物（包括祭神礼物等）。 （4）有无节日祭祀活动，祭祀的对象（祖先、历史人物、各种神灵、各种自然物等），节日与宗教信仰的关系。 （5）大型的节日活动（如庙会等）的参加者来自何地，参加者的地域范围，节日活动中有无市场。 （6）关于节日起源、沿革的传说。

表2 人生礼仪民俗调查提纲

种类	具体事象
生育礼仪	（1）求子：是否有求子活动，求子活动涉及哪些器物。 （2）妊娠：对孕妇有何特别称呼，妊娠中的礼仪与禁忌，祈祷安全生产的活动。 （3）生产：生产前准备什么东西，在什么地点生产，有无助产、助产者是何人、用什么方法助产，对助产人的谢仪，对初生儿的处理，对初生儿的称呼，对双胞胎和畸形儿的称呼，胎衣、脐带的处理，怎样通知女方家生产的消息，生产后产妇何时开始恢复正常行动，这段时间（坐月子）对产妇的护理方法，何人护理，产妇的饮食，坐月子时丈夫应做什么，有无产翁习俗，何时开始喂奶、怎样喂奶。 （4）育子仪式：出生后有无洗礼，怎样命名，出生、满月、百日、周岁等的礼仪，有无婴儿占卜（如抓周），亲戚、同族、同村人的祝贺方式，为了儿童的健康而施行的各种做法（包括迷信做法），其他的儿童礼仪。
成年礼仪	人到多大为成年，举行什么仪式，仪式的内容，成年礼的形式（如割礼、拔牙、文身、改换服饰等），主持人、参加人是何人，成年礼的社会意义，成年后获得何种权利，能够参加什么活动，成年后服饰、发型的变化等。
婚嫁礼仪	（1）订婚的年龄，结婚的年龄。 （2）怎样选择和决定配偶（自由恋爱或父母之命），选择配偶的标准（知识、才能、相貌、地位、财产等），有何种机会选择配偶。 （3）谁为媒人，订婚的仪式，从订婚到结婚前的仪式。 （4）结婚的日期如何决定，结婚仪式的全部程序（从迎娶到入洞房），结婚以后的仪式活动。 （5）新娘的嫁妆，婚礼上的服装，结婚的费用。 （6）从选择对象到结婚需要多长时间，这期间男女双方的活动，结婚以后住哪里（夫家或娘家）。 （7）有无特殊婚俗。 （8）有关婚礼、婚俗的歌谣、传说。
丧葬礼仪	（1）人死之时如何处理（如沐浴、修容、换衣等），做法与称呼，何人做，棺材的材料，装殓前棺材的处理方法。 （2）用什么方式报丧，家中关于丧礼的布置，亲属穿什么服饰，家属是否需做特殊发型，死者在家中停灵的时间，停灵期间的各种仪式，是否请宗教人员做道场，何人前来吊唁，吊唁的仪式，停灵期间各种仪式的主持者，家人亲属各自在丧礼中的工作，哭丧的情况，有无哭丧歌。 （3）怎样选墓地，何人选择，葬的方式及其起源，有无若干年后再葬的仪式，棺内陪葬的东西，陪葬品的用途，出殡的仪式，主持人和参加人各自的工作，丧礼中村人如何帮忙，如何招待帮忙的人，丧礼中有无音乐和舞蹈，丧礼用具的种类、名称、样式及由何人制作，有无墓碑，墓碑的样式，墓地是私人的还是公共的，未成年人和成年人的丧礼有何不同，男子和妇女的丧礼有何不同，有关丧礼的禁忌。 （4）出殡后的活动，有无丧期，丧期的长短，亲属在丧期中的活动和禁忌，关于死后世界有何信仰，不同社会地位的人的丧礼的区别。

表 3　消费民俗调查提纲

种类	具体事象
饮食民俗	（1）日常吃饭的次数、时间，主食的种类，农忙、农闲时有何区别，家中何人做饭，主食的用料和制作方法，座位如何安排，吃饭有无固定的程序。 （2）节日和待客时吃什么，何人做，制作的方法，待客时的座位安排，食具与平日有何不同，进食或饮酒有哪些礼节和仪式。 （3）产妇坐月子和哺乳期间的饮食。 （4）调味品的种类和制作方法。 （5）腌渍食品的种类（如火腿、腊肉、腌菜、酱菜等），制作和保存的方法。 （6）点心类食物的种类和制作方法。 （7）饮料的种类（酒、茶等）、制作方法，饮料是否为嗜好品，嗜好的情况，其他嗜好品。 （8）本地有何特殊的口味嗜好（如甜、酸、辣等），有无传统的普遍爱吃的食品。 （9）平时吃哪些水果，有哪些水果制品（如果酱、果干等），制作的方法。 （10）由于社会地位的不同，人们的饮食有哪些不同，饮食的习惯、规矩、制作和制作人有什么不同。
服饰民俗	服装： （1）服装的种类和名称（包括鞋、帽、内外衣等全部穿戴），四季的服装有哪些，日常服装（室内的、室外的、睡觉时穿的）有哪些，工作服装（不同职业、不同劳动场合的服装）有哪些，特别场合（节日、待客、出访、参加各种仪式、参加竞技）穿什么服装。以上各种场合的服装因性别、年龄和社会地位等形成的差异。 （2）服装的用料，如棉布、麻布、绸缎、兽皮、树皮等，服装的样式、颜色、图案。 （3）何人制作（家人或裁缝）及制作的方法，何人洗涤及洗涤的方法。 装饰品： （1）首饰（耳环、手镯、脚镯、头簪等）、服饰（腰带、头巾、荷包等佩戴品）和化妆品的种类和名称，制作的材料和方法。 （2）发型的各种名称、样式和梳结方法。 （3）日常（室内外、劳动）和特别场合（节日、出访、参加仪式和竞技等）都有什么不同的装饰，服饰、首饰、发型等在人生的某种阶段（如成年、结婚后等）有何变化。 （4）有无耳朵、鼻子、牙齿的特殊装饰，有无文身和纹面，在什么情况下有。 （5）以上各种装饰品有无禁忌和迷信成分。

续表3

种类	具体事象
居住民俗	（1）住宅的自然条件（如向阳或背阴、离水源远近、避寒湿风雨的情况等），人为的条件如何（如看风水等）。 （2）建筑材料的种类（木、土、竹、草、皮革等）、来源，住宅建造与修缮的时间，建筑与修缮的工程技术情况（设计、分工、集体帮工的情况等），建筑和修缮过程中的仪式（如奠基、上梁、竣工等）。 （3）住宅的布局结构，用图纸表示；房间的位置、名称、用途。 （4）火塘或灶的位置、样式、用法，燃料的种类，火塘或灶有无特别重要的意义，有没有灶神，祭灶的情况。 （5）有无专门用于供神祭祖的地方。 （6）家具的种类、名称和用途，自制还是购买，制作的方法，照明的用具。 （7）防护设施的种类、名称和用途（防火、防水、防风、防寒暑、防盗、防震等）。 （8）房子的特殊部位（如柱子、梁等）有无特殊的名称和意义。 （9）不同社会地位的家庭住宅有何区别。 （10）房屋的租赁情况。

表4　社会民俗调查提纲

种类	具体事象
社会民俗	（1）相见礼，见面时的礼节，如跪拜礼、鞠躬、握手、交换名片等。 （2）称谓，社交场合的称谓，如同志、先生等。 （3）待客礼，家中迎接客人的礼节，如敬烟、敬茶、宴席座次等。 （4）馈赠礼，亲朋邻里互赠礼品的礼节，包括物品和数目。 （5）结交礼，朋友、社团间相交的礼节，如歃血为盟、签订合同等。

表5　信仰祭祀民俗调查提纲

种类	具体事象
古代原始信仰	（1）对天空自然物（如日、月、星、雨、雷、电、风、云等）的崇拜和祭祀，对地上自然物（如土地、山岳、森林、河流、沙漠、泉水、石火等）的崇拜和祭祀。 （2）对某些动物和植物的崇拜和祭祀。 （3）当地人的祖先观、神灵观、鬼魂观。 （4）图腾崇拜的痕迹。
预兆和占卜	（1）群众中关于预兆（如怪声、做梦、鼠咬家具、眼跳、乌鸦叫等）有些什么说法。 （2）有哪些占卜方式，仪式的全过程如何。 （3）有哪些与占卜相关的相术、星占术等，其方法和过程如何。

续表5

种类	具体事象
祭祀和迷信职业者	（1）详细记述本地区历史上有哪些祭祀活动（如丰收、祈雨、过节、出征等），参与主持这些活动的宗教职业者、祭师、巫师以及算命先生、阴阳先生、风水先生、术士等人物的情况。 （2）上述人分别掌管或参与何种祭祀、巫术及其他活动（如占卜、扶乩、巫医医病仪式、相面、算命、求签、许愿、求雨祈年、祭祖降神等），其内容及过程的详细情况，活动方式、使用器物如何。 （3）祭祀、巫术等活动中有什么祭词、咒语、歌舞等，有哪些巫具、经典、仪式、声音、动作（如舞蹈），巫医是否用药，怎样下药治病。 （4）祭师、巫师等人物各自的传承体系（如家传、师承等）。 （5）上述人在本地区群众中的地位和作用，有哪些相关的传说、故事。
禁忌	（1）本地区都有哪些禁忌（如农作、狩猎、饮食、分娩与育儿、婚姻、丧葬、祭祀的禁忌等）。 （2）违犯了禁忌，触犯了祖灵、神、鬼，要采取哪些补救仪式，记述这些仪式的全过程。

表6 游艺竞技民俗调查提纲

种类	具体事象
民间口头作品	搜集、记录当地群众中所流行的神话、传说、故事、史诗、叙事诗、歌谣、谚语、谜语、曲艺及小戏等口头文学作品；所记录的作品应尽量保持其原貌，不得随意增删、修饰，以研究其民族历史、乡土生活、心理、信仰及风俗；方言词语无恰当汉字表示时，应使用拼音文字记录并加以注解。作品讲唱人的姓名、年龄、性别、职业、住址等有关信息都要一一记录。作品流传的地区及范围也要加以说明。在搜集传统口头文学的同时，还应注意搜集新产生的、具有时代气息的新作品。当地若有杰出的故事讲述家、歌手和唱曲能手，当进行专题采访，并写出他们的传记。
民间美术	搜罗或描制当地所流传的年画、版画、家用器物上的装饰画、装饰性雕刻、剪纸、窗花等民间的美术作品；访问当地著名的民间美术家，对他们所擅长的项目、绘制过程及所使用的工具、颜料等详加记录；民间美术作品的信仰表现和象征意义。
民间音乐	搜集、记录流传于当地群众中的乐曲及土制乐器；民间音乐的演奏场合及方式；喜庆乐曲、丧葬乐曲及其他乐曲的民族特点和地方特点；杰出民间音乐家的活动及事迹。
民间舞蹈	当地民间舞蹈的种类及表演的场合；民间舞蹈与体育活动、武术活动和宗教活动之间的关系；春节期间各地的舞蹈项目；当地优秀的舞蹈家及其活动。
民间游艺	当地民间制造的儿童玩具、花灯、爆竹、焰火、棋具、牌具及各种竞技用品的制作过程及玩法；具有地方特色的皮影戏、傀儡戏、面具戏、社火、杂技、驯兽、魔术；优秀民间艺人的活动及其事迹。

续表6

种类	具体事象
民间工艺	当地大量流行的既有实用性又有观赏性的各种刺绣、荷包、编织品、木器、竹器、漆器、陶器、金属器具的造型、加工方式及其他特色；访问其中杰出的工匠或好手，记录他们的制作过程，说明其艺术风格。
民间体育与竞技	民间体育的种类及有关的传说；竞技的种类与名称（如赛马、射箭、摔跤、赛龙舟等）；胜败的标准；竞技的集体活动的组织者、参加者、时间和地点；竞技与节日的关系；有关竞技的传说。
民间娱乐与儿童游戏	娱乐的种类、方法及参与者；儿童游戏的种类（包括口头游戏或用道具的游戏）及玩法。

参考资料

一、图书

博尔尼. 民俗学手册 [M]. 程德祺,等,译. 上海:上海文艺出版社,1995.

蔡郎与,杨燕. 中国民俗十讲 [M]. 成都:西南交通大学出版社,2013.

陈茂同. 中国历代衣冠服饰制 [M]. 北京:新华出版社,1993.

厄利特. 民间文学:一个实用定义 [M] //邓迪斯. 世界民俗学. 上海:上海文艺出版社,1990.

高丙中. 民俗文化与民俗生活 [M]. 北京:中国社会出版社,1994.

高丙中. 中华文化通志:民间风俗志 [M]. 上海:上海人民出版社,2013.

刘魁立,张旭. 中国民俗 [M]. 北京:中国社会出版社,2006.

苗广娜,吴雁,刘怡涵. 中国民俗文化 [M]. 成都:电子科技大学出版社,2014.

沈从文. 中国古代服饰研究 [M]. 上海:上海书店出版社,2017.

陶立璠. 民俗学概论 [M]. 北京:中央民族学院出版社,1987.

田晓岫. 中国民俗学概论 [M]. 北京:华夏出版社,2003.

王文宝. 中国民俗学史 [M]. 成都:巴蜀书社,1995.

乌丙安. 民俗学原理 [M]. 沈阳:辽宁教育出版社,2000.

杨堃. 社会学与民俗学 [M]. 成都:四川民族出版社,1997.

郑振铎. 中国俗文学史 [M]. 北京:东方出版社,2012.

钟敬文. 民俗学概论 [M]. 上海:上海文艺出版社,2009.

钟敬文. 钟敬文文集：民俗学卷［M］. 合肥：安徽教育出版社，1999.

仲富兰. 中国民俗学通论［M］. 上海：复旦大学出版社，2015.

周锡保. 中国古代服饰史［M］. 北京：中国戏剧出版社，1984.

周汛，高春明. 中国古代服饰风俗［M］. 西安：陕西人民出版社，1988.

周汛，高春明. 中国历代妇女妆饰［M］. 上海：学林出版社，1988.

二、期刊

丰蕾. 论中国古代服饰文化与现代服装设计之构想［D］. 长春：吉林大学，2009.

郭修金，虞重干. 岁时节日传统体育习俗的传承与发展［J］. 上海体育学院学报，2007（4）：60－64.

李珊珊. 中国历代服饰的演变［J］. 山东行政学院学报，2003（3）：123.

李晰. 汉服论［D］. 西安：西安美术学院，2010.

梁满仓. 东晋招魂葬与五礼制度［J］. 华东师范大学学报（哲学社会科学版），2021（4）：55－65，180－181.

梁满仓. 论魏晋南北朝时期的五礼制度化［J］. 中国史研究，2001（4）：27－52.

孙盛文. 浅析中国服饰文化之清代服饰［J］. 黑龙江科学，2017（3）：158－159.

汤勤福. 秦晋之间：五礼制度的诞生研究［J］. 学术月刊，2019（1）：150－163.

王冠. 从《步辇图》看中国礼仪文化的内在追求［J］. 南京艺术学院学报：美术与设计，2021（3）：50－52.

向柏松. 端午节传承发展方式分析［J］. 文化遗产，2015（6）：111－123.

薛芳芳. 秦汉服饰制度研究［D］. 南昌：江西师范大学，2010.

张云舒. 谈中国的诞生礼仪——以洗三为例［J］. 中华少年，2015（19）：30.

张振涛. 岁时节日与仪式音乐［J］. 上海音乐学院学报，2003（1）：80－86.

后 记

本书编写缘于《西南科技大学城市学院关于2020—2021学年校级教学科研项目立项通知》（西城院字〔2021〕10号）中教改项目"中国民俗文化概览"（编号CC-KC2101）。本项目建设的目的是以此为起点，开辟学校通识教育特色建设路径。在本项目建设过程中，各成员竭力发挥自身学科优势，努力达成既定目标。学校党委副书记兼副校长刘续梅、副校长林秀英、通识学院院长唐定云等领导给予了大力支持，在此深表感谢！由于建设时间仅一年，加之项目组成员水平有限、经验不足，书中难免存在诸多遗憾，我们将在使用过程中修正谬误，增补最新学术成果，为实现项目建设目标继续努力。

编 者

2022年1月5日